ROGER FACON

FULCANELLI

& LES 7 LOGES DU MAL

Les Cahiers d'Irem N°8

© 2021 LES ÉDITIONS DE L'OEIL DU SPHINX
ISBN : 978-2-38014-030-9
EAN : 9782380140309
Collection Les Cahiers d'Irem (n° 8)
ISSN de la collection : 2275-9670
Dépôt Légal : Janvier 2021

L'illustration de couverture et l'infographie sont de André Savéant

ROGER FACON

FULCANELLI
& LES 7 LOGES DU MAL

LES ÉDITIONS DE L'ŒIL DU SPHINX
36-42 rue de la Villette
75019 PARIS, France
www.œildusphinx.com
ods@œildusphinx.com

« La cendre ne sait pas ce que pense le marbre. »

Victor Hugo

« Il existe deux ensembles de principes. Les principes de pouvoir et de privilège et les principes de vérité et de justice. Si vous courez après le pouvoir et les privilèges, ce sera toujours au détriment de la vérité et de la justice. »

Noam Chomsky

Du même auteur :

Aux éditions de l'Œil du Sphinx
FULCANELLI & LES ALCHIMISTES ROUGES
FULCANELLI, COMMANDEUR DU TEMPLE
FULCANELLI ET LA GEOPOLITIQUE DU DIABLE
FULCANELLI CONFIDENTIEL
NICOLAS FLAMEL EST PARMI NOUS

Aux éditions Gallimard
LA CRYPTE, Série noire

Aux éditions de l'Archipel
LE LION DES FLANDRES

Aux éditions Abysses
L'HERITAGE DU SPHINX
LE MAÎTRE DU SAINT-SANG, en collaboration avec Serge
Ottaviani

Aux éditions Eurédif
MORT AU GOUROU

Aux éditions Hyperion avenue
C'ETAIT AU TEMPS DES SOUCOUPES VOLANTES

Aux éditions Engelaere
LE SAIGNEUR DES PIERRES
ENTRETIENS AVEC UN TRES VIEUX VAMPIRE

Aux éditions Black Coat Press/Rivière blanche
LA TEMPLIERE

Aux éditions des Presses du midi
TUER POUR DAGON

Aux éditions Fleuve noir
PAR LE SABRE DES ZINJAS
LA PLANETE DES FEMMES
DIVINE ENTREPRISE
LES SERVITEURS DE LA FORCE, en collaboration avec Jean-
Marie Parent
LES COMPAGNONS DE LA LUNE BLEME

Aux éditions Alain Lefeuvre
QUAND L'ATLANTIDE RESURGIRA
LE GRAND SECRET DES ROSE-CROIX
SECTES ET SOCIETES SECRETES AUJOURD'HUI : LE
COMPLOT DES OMBRES, en collaboration avec Jean-Marie
Parent
LES MEURTRES DE L'OCCULTE, en collaboration avec
Jean-Marie Parent

Aux éditions Montorgueil
L'OR DE JERUSALEM

Aux éditions SPE
VERITE ET REVELATIONS SUR L'ORDRE DU TEMPLE
SOLAIRE, Opération Faust : chronique d'un massacre annoncé

Aux éditions Robert Laffont
LA FLANDRE INSOLITE
CHATEAUX FORTS MAGIQUES DE FRANCE
VERCINGETORIX ET LES MYSTERES GAULOIS
JACQUES COEUR ET GILLES DE RAIS
en collaboration avec Jean-Marie Parent

ROMAN VRAI

Avertissement

Mercredi 5 octobre 1994.

Flash radio.

Des suicides, des assassinats en Suisse romande. Des chalets incendiés. Au hameau de Cheiry, canton de Fribourg. Au hameau de Grange-sur-Salvan, dans le Valais. Quarante-cinq cadavres au moins ont été retirés des décombres. Et le bilan devrait s'alourdir. Les sauveteurs n'ont pas encore pu fouiller un troisième chalet, à Salvan, dont le toit s'est effondré dans les flammes. Plusieurs victimes ont été découvertes la tête enserrée dans un sac plastique, noué autour du cou par une cordelette ou un ruban adhésif. Vingt des vingt-trois victimes de Cheiry sont mortes d'une balle dans la tête, certaines les mains ligotées, portant pour la plupart des tuniques rouges, noires ou blanches dotées de signes ésotériques, disposées en cercle, la tête tournée vers l'extérieur. Parmi elles le cadavre d'un enfant de dix ans ! Au nom de l'Ordre du Temple Solaire...

Bientôt, en lisant les journaux, j'apprendrai qu'un message m'a été adressé de manière sournoise juste avant la tuerie et les brasiers. Sous la forme d'un détournement de texte, d'un hold-up partiel de mon livre *Le grand secret des Rose-Croix*, paru aux éditions Alain Lefeuvre en 1979. Les assassins de Cheiry et Salvan ont vampirisé ma prose pour tenter de justifier l'injustifiable, légitimer leurs crimes de masse, entamer une revendication post-mortem intitulée « La Rose-Croix », dactylographiée, placée dans l'une des cinq enveloppes postées par Alain Vuarnet, membre de l'OTS, à la demande de Jo Di Mambro, ancien rosicrucien et gourou-fondateur dudit OTS.

L'extrait choisi par Di Mambro pour interpeller l'opinion publique et le ministre de l'Intérieur français Charles Pasqua débute par la première ligne (faussée) du chapitre XVII de mon livre :

« Décidément, la Rose-Croix n'a pas fini de nous surprendre ».

Première ligne qui va devenir, par la volonté de l'organisateur des massacres : *Décidément la Rose+Croix n'a pas fini de **vous** surprendre.*

Moi :

« Depuis le XVIIe siècle, elle n'a cessé, un seul instant, de manifester sa présence. Derrière les plus grands initiés (...). Tantôt discrète. Tantôt provocante... »

Version des assassins de l'OTS :

*Depuis **des temps immémoriaux**, elle n'a cessé, un seul instant, de manifester sa **P**résence (....). Derrière les plus grands **I**nitiés (...), tantôt discrète, tantôt provocante... »*

Moi :

« Elle a séduit les personnalités les plus marquantes du monde de la science, de la philosophie et de la religion. Elle a appelé les hommes à la générosité. À l'altruisme. À la fraternité. »

Version des assassins de l'OTS :

*Elle a séduit les personnalités les plus marquantes (...) de la **S**cience, de la **P**hilosophie et de la **R**eligion. Elle a appelé les hommes à la générosité, **à l'altruisme et à** la fraternité.*

Les assassins de Cheiry et Salvan — avant d'être liquidés par d'autres tueurs — ont cherché à m'embrouiller et à embrouiller les enquêteurs appelés à se pencher sur le dossier OTS en vampirisant ma prose.

Pourquoi ?...

*

En octobre 1994, je n'écris pas seulement des livres ésotériques et de la SF, je suis enquêteur de police, affecté au commissariat d'Aniche, district de Douai, dans le Nord. Je fais équipe avec le commandant Collet, spécialiste de la voie publique et du flagrant délit. Collet et moi, on chasse le crâne, en jargon policier. Déformation professionnelle : le risque de voir le mien (de crâne) apparaître dans le viseur de ceux qui se planquaient derrière Di Mambro et continuent peut-être de se planquer derrière ce qu'il reste de l'OTS n'est pas à écarter. Je reste donc sur le qui-vive. Les manœuvres d'intimidation auxquelles je vais devoir faire face vont aller crescendo et prendre un tour inquiétant. Menaces de mort. Coups de fil anonymes au milieu de la nuit. Cambriolages. Tirs sur ma voiture. Tentative d'incendie. Trop c'est trop, je dépose plainte, mais je ne suis pas naïf, je connais les usages de la Grande Maison et ceux de la Justice aux yeux bandés, je sais que ma plainte sera classée sans suite par le parquet.

Des membres du contre-espionnage français chercheront à savoir pourquoi je me suis rendu, sans autorisation de ma hiérarchie, en Israël en décembre 1993, ils chercheront aussi à cibler les « sources » dont je suis susceptible de disposer au sein de certains réseaux relevant de ce qu'on appelle « la Françafrique », mêlant occultisme, frères trois-points, crimes non élucidés et valises bourrées de billets de banque après la publication de mon essai *Vérité et révélations sur l'Ordre du Temple Solaire* (éditions SPE), mon roman *La Crypte* (Gallimard, Série noire) et mes interventions télévisuelles sur les Templiers noirs ainsi que sur les *stay-behind* de France, de Belgique et d'Italie. On ira jusqu'à perquisitionner mon bureau en mon absence du commissariat. Le contenu de mes tiroirs, pourtant fermés à clé, disparaîtra pendant de longues semaines avant de m'être restitué, incomplet, dans un sac plastique non scellé, sans avoir été inventorié dans les règles par un officier de police judiciaire. Ceux qui se sont assis sur le code de procédure pénale en agissant de la sorte n'ont établi aucun procès-verbal de perquisition et saisie, ils n'ont ni rempli ni signé le registre des scellés. Mais ils ont trouvé le moyen d'« égarer » ma médaille d'honneur de la police qui se trouvait dans un tiroir.

Cette médaille ne m'a jamais été restituée.
Son revers, en tout cas, ils ne l'ont pas volé.
Le voici.

Tout vient à point qui sait attendre...

TÉMOIGNAGE
FAREL
1.

CHAPITRE PREMIER

Je gare ma voiture au pied du perron.

Une éternité que je ne suis pas venu ici. La gentilhommière est toujours aussi impressionnante. La grosse tour a été débarrassée de son lierre, les échauguettes ont été ravalées.

Le majordome a pris quelques rides et quelques kilos.

– Si monsieur veut bien me suivre...

Bureau du rez-de-chaussée. Grand comme un hall de gare, saturé de tableaux de Vlaminck, Utrillo, Morisot.

– Asseyez-vous, René.

– Merci, monsieur le sénateur.

– Un petit whisky ?

– Volontiers.

Le sénateur Durand-Paqué emplit deux verres et fait le service avec le sourire.

– À nos retrouvailles.

– À nos retrouvailles.

– On trinque.

– Merci de ne pas vous être dérobé...

– C'était la moindre des choses, monsieur le sénateur.

Il hoche la tête.

– L'affaire du Temple Solaire a fini par me rattraper, René. Je suis accablé... Je vis un véritable cauchemar ! Dès fois, je me dis : « ce n'est pas possible, je vais me réveiller, tout va revenir comme avant ».

Mais non, je suis englué dans le réel. Rien ne sera plus jamais comme avant ! Je me suis conduit comme un imbécile. J'étais un visiteur du soir de l'Élysée à l'époque. Mon avis comptait pour le Président Mitterrand. Il y avait beaucoup de francs-maçons à l'Assemblée et au Sénat. Les massacres du Temple Solaire n'étaient bons pour personne, vous en conviendrez. Des temples, des capes, des tuniques, des chandeliers, des objets symboliques, des épées livrées aux caméras des chaînes télé... L'opinion publique ne pouvait qu'être plongée dans la perplexité devant de telles images et tentée par l'amalgame. J'avais donc convaincu les autorités d'opter pour une stratégie qui en valait une autre. Faire comprendre au juge d'instruction de Grenoble qu'il était seul, qu'il ne serait pas aidé... Et ma stratégie s'est avérée payante. Des témoins amnésiques. Des commissions rogatoires laissées sans réponse. La relaxe au terme d'un procès couru d'avance, confirmée en appel. Ma victoire a été totale. Mais c'était une victoire à la Pyrrhus...

Je souris et ne fais aucun commentaire. Je tiens à lui montrer que je ne suis pas dupe. Je lui laisse le soin de relancer la conversation.

– ... Vous m'aviez parlé, à un moment, d'une loge sauvage, si mes souvenirs sont bons, René. La Loge de la Grande Pyramide, je crois.

J'achève de vider mon verre.

– Oui. Créée en 1902 par un certain Juvénal Barbarin, au retour d'un voyage au Caire. Loge blanche pour ses sympathisants. Loge noire pour ses détracteurs.

Le sénateur fait la grimace.

– Maintenant il est temps que j'arrête de tourner

autour du pot et que je vous dise ce que j'attends de vous. Muriel Ledoux, journaliste à *Scoop*, ça vous dit quelque chose ?

– Vaguement.

– Elle s'est noyée dans la Seine la semaine dernière. Suicide, d'après la police. Mais j'en doute...

– Ah oui ?

– C'était ma nièce, René. La fille de mon frère cadet, mort dans un accident de voiture il y a deux ans, le 2 juin 2002, très exactement. Ledoux était son nom de plume. Ma nièce enquêtait sur le Veilleur Blanc, figurez-vous.

1996

CHAPITRE 2

Un soir de printemps...

Le vieil homme avait appartenu au conseil de l'ordre du Grand Orient de France. Auteur de plusieurs ouvrages sur la tradition maçonnique que le président du Sénat tenait en grande estime, il vivait dans un vaste appartement de la rue Mirabeau donnant sur l'entrée du square Sainte-Périne. Nous n'avions eu qu'à traverser la rue pour être salués par des pépiements d'oiseaux et marcher sous les frondaisons.

— Ainsi vous travaillez pour le sénateur Durand-Paqué, jeune homme ?...

— Je suis son assistant parlementaire.

— Et vous vous intéressez à Juvénal Barbarin ?

— Oui.

Il se signa.

— Un fils du Diable ! Il avait fondé sa Loge au retour d'un voyage au Caire, en février 1902... Ils étaient six, au départ, à l'avoir suivi. Dont mon malheureux père, Jules Brebier. Trois maçons du Grand Orient et trois rosicruciens. Mon père était rosicrucien, tendance Péladan. Il venait de Marseille où il avait exploité durant vingt ans une petite savonnerie. Quitter Marseille pour s'installer à Paris, ce n'était pas évident ! Mais il venait de racheter une savonnerie dix fois plus grande à Suresnes... Juvénal Barbarin dirigeait une entreprise de travaux publics à La Ciotat qu'il allait vendre pour venir s'installer lui aussi à Paris et faire fortune dans l'immobilier.

Barbarin disait avoir été mandaté par les Maîtres du Monde, les Grands Initiés responsables du devenir de notre planète pour fonder sa loge égyptienne sauvage. Il disposait de fonds quasiment illimités. Il était au mieux avec Clemenceau, mais aussi avec Poincaré et Millerand. Il avait ses entrées au ministère des Affaires étrangères et chassait le cerf avec le gouverneur de la Banque de France.

– Il a disparu peu avant la Seconde Guerre mondiale, jeune homme. Parti à San Francisco, disaient ses thuriféraires. Mais mon père contestait cette version...

Juvénal Barbarin n'avait jamais quitté la France, telle était l'opinion de Jules Brebier. Barbarin s'était installé dans une abbaye bénédictine. L'abbaye de Jagoule, dans la Somme. Il y continuait son « œuvre » dans l'ombre et le silence, insensible à l'occupation de la France par les troupes nazies. La Libération n'avait pas modifié ses plans. Seule l'œuvre qu'il avait entreprise comptait pour lui.

– ... Une œuvre maléfique, jeune homme. Qui consistait à noyauter les centres décisionnels de notre pays. À gangrener les milieux diplomatiques, militaires, financiers. À placer ses pions dans la police, la magistrature, la finance, la presse...

– Faire du complotisme à deux balles, quoi ?

– Ne prenez pas ça à la légère, jeune homme. Nombre de nos hommes politiques ont séjourné à l'abbaye de Jagoule... Figures éminentes de la droite comme de la gauche non communiste et du centre, ils y ont fait des retraites plus ou moins longues au sortir de l'adolescence ou en pleine maturité. Ils s'y ressourcent aujourd'hui encore dans la plus totale discrétion, eux et leurs proches. Ils s'y rendent ponctuellement, seuls ou en famille...

CHAPITRE 3

Les anciens membres de l'Ordre du Temple Solaire que j'avais été amené à rencontrer à la demande du sénateur Durand-Paqué m'avaient tous dit la même chose. Jo Di Mambro et Luc Jouret, les gourous de l'OTS, prenaient leurs ordres auprès de mystérieux Maîtres de Zurich et d'un non moins mystérieux Veilleur Blanc.

Di Mambro, fondateur de l'OTS, concepteur supposé des massacres perpétrés en Suisse et au Canada, était très branché Veilleur Blanc depuis son passage à l'Antichambre de la Rose-Croix (ARC), ordre initiatique d'obédience américaine fondé en 1905, basé à New-York, dont la Grande Loge française est installée à Paris depuis 1947. De même tenait-il en grande estime *Les Grands Initiés et moi*, l'ouvrage culte de Reynald Brilland, Grand-Maître de l'ARC.

Dans *Les Grands initiés et moi*, paru en 1970 aux éditions de l'étoile, Reynald Brilland révélait avoir été approché — à l'occasion de séjours dans des capitales européennes, à commencer par Londres, Amsterdam et Vienne — par le Veilleur Blanc, prélat romain, appartenant à une composante secrète de l'Église catholique, sorte d'aumônier des Maîtres cachés du Monde, compagnon de route d'une organisation occulte mondialiste désignée par la septième lettre de l'alphabet suivie de **trois points**, la G...

J'étais enclin à voir en la G... une branche sauvage de la Franc-maçonnerie, les francs-maçons étant communément appelés « frères trois points ». D'autant que RB appartenait à la franc-maçonnerie italienne depuis 1955 et à la Grande Loge Hexagonale Rectifiée depuis 1959. En outre, je n'ignorais pas que la GLHR passait pour être une création des services spéciaux français à l'occasion de l'accession au pouvoir du Général de Gaulle en 58 — soucieux de « repenser » l'Afrique. Elle comptait parmi ses « stratèges » un ancien directeur de cabinet de Léon Blum, atlantiste de la première heure, anticommuniste farouche, lié à l'implantation *stay-behind* en France à la demande des pontes de la CIA.

La G... était pour moi une Loge Première, une Loge-mère sauvage. Quant aux fameux « Maîtres de Zurich » chers à Di Mambro, j'étais également enclin à me les représenter ceints du tablier maçonnique.

*

Pour Reynald Brilland, le Haut Conseil de la G... était le gouvernement occulte du monde, carrément. Celui-ci avait opté pour l'itinérance depuis la fin de l'année 1945. Chacune de ses réunions, tenues dans une capitale européenne, générait des bouleversements géopolitiques.

La vocation de la G... était d'aider les nations européennes à prendre conscience de la nécessité d'abolir les vieilles frontières, à s'affranchir des structures obsolètes de l'ancien cycle. Quitte à utiliser, si nécessaire, l'**action directe**.

CHAPITRE 4

Si RB se faisait, sans le moindre état d'âme, le porte-parole d'une Loge-mère sauvage — la G... — créée pour peser de manière clandestine sur le destin des nations, c'est qu'il avait été mandaté pour cela.

Reynald Brilland n'était pas n'importe qui.

Il jouait un rôle non négligeable au sein du monde initiatique français et au sein de ce que d'aucuns appelaient la « Françafrique ».

Il était fier de figurer parmi les conseillers spéciaux d'Omar Bombolo, le très sulfureux président du Gabon, ancien membre des services spéciaux français, ancien adhérent de la SFIO, initié en 1965 au Grand Orient de France avant de basculer très vite à la GLHR.

La G... avait-elle favorisé l'ascension politico-initiatique de RB, facilité son entrée dans le petit cercle très fermé des conseillers spéciaux d'Omar Bombolo ?

La désagrégation du Gabon opérée par ce même Bombolo et son clan, la captation de ses richesses naturelles avec la complicité de l'État français guidé par ses intérêts pétroliers entraient-elles dans le cadre fixé par le Veilleur Blanc ?

Action directe. Désagrégation des vieilles structures. Monde nouveau sur fond de libre-échangisme et d'ingérence postcoloniale.

Le Veilleur Blanc — par la plume de RB — donnait à la doxa néolibérale une dimension « initiatique » qu'on ne lui prêtait pas nécessairement dans les couloirs profanes de Davos.

*

Il existait une autre loge — dont le grand public avait appris incidemment l'existence — la Loge *Propaganda Due*, la P2, installée à Rome, issue du Grand Orient d'Italie. Une loge dite écossaise qui illustrait, elle aussi, à sa manière, l'action directe et les dangereuses péripéties évoquées par Maha.

Devais-je pour autant m'interroger sur l'existence éventuelle de passerelles entre la G... et la P2 ?

Je décidai de m'interroger. C'était une piste de travail comme une autre. Et le sénateur Durand-Paqué la trouvait intéressante.

CHAPITRE 5

Élu et réélu sous l'étiquette divers gauche, le sénateur Durand-Paqué avait travaillé aux côtés de Gaston Defferre et de Pierre Bérégovoy. Membre du Grand-Orient de France, l'homme dont j'étais depuis deux ans l'assistant parlementaire avait une appétence particulière pour les problèmes de police, de diplomatie et de renseignements. Il était par ailleurs membre de la délégation parlementaire au renseignement. Il ne pourrait que se montrer sensible au tableau politique que je me proposais de lui brosser.

Je lui fis part au téléphone de mes premières observations. Il me demanda de le rejoindre à sa permanence.

– Tout aurait démarré dans les années 1945-50 ?

– Oui, monsieur le sénateur...

Flashback

Au sortir de la Seconde Guerre mondiale, les Américains sont persuadés que la Troisième Guerre mondiale se trouve dans les cartons de Staline. Ce n'est qu'une question de temps, répètent-ils, il faut créer les conditions de la résistance à la révolution prolétarienne qui viendra de Moscou, une résistance opérationnelle et coordonnée. L'OTAN, bras armé de l'Alliance atlantique, propose peu après sa création en 1949 une solution à court terme : l'installation de « réseaux dormants », de *stay-behind* sur l'ensemble du territoire européen, capables de devenir très vite opérationnels si l'Armée rouge envahit l'Europe occidentale ou si les démocraties représentatives basculent dans la subversion communiste interne. En France, ces réseaux sont baptisés « arc-en-ciel » ou « rose des vents ». En Italie, on les appelle « Gladio », Glaive, en hommage aux gladiateurs de l'empire.

La CIA apporte dès 1947 son aide logistique, elle pousse au recrutement d'anciens collabos.

*

– La symbolique est intéressante, monsieur le sénateur. Les vents qui effeuillent la rose ont vocation d'en disperser les pétales comme un lâcher de parachutistes, l'arc-en-ciel est un pont qui permet l'évacuation des troupes en cas de replis du Glaive. Je serai donc enclin à voir en l'Italie la tête de pont du dispositif clandestin mis en place par les Américains en Europe.

Il sourit.

– Continuez.

– Il est évident que, dès le départ, la CIA entendait jouer son propre jeu... Répondre à l'invasion de l'Armée rouge, certes. Mais, surtout, en l'attente de cette hypothétique invasion, peser de toutes ses forces sur la vie politique intérieure des pays de l'Alliance.

Résultats de cette immixtion, rien que pour l'Italie, quatre tentatives de coups d'État. L'assassinat d'Aldo Moro, président de la démocratie chrétienne. Et une kyrielle d'attentats — à commencer par l'attentat de Bologne d'août 1980 qui fit 85 morts et 200 blessés — organisés dans le cadre de la stratégie de la tension en lien avec la Loge P2.

– Admettons, René. Mais quels liens avec le massacre du Vercors qui nous intéresse ?... La France, que je sache, n'est pas l'Italie.

CHAPITRE 6

— La France n'est certes pas l'Italie, dis-je, mais elle a une frontière commune avec l'Italie. Et le Veilleur Blanc résidait à Rome en juin 1969, d'après Reynald Brilland...

Le Grand-Maître français de l'Antichambre de la Rose-Croix avait cru devoir consacrer de longs chapitres au fameux Veilleur Blanc dans son ouvrage sur les Grands Initiés. Après le Dominicain Blanc de Meyrink sévissant dans la Vienne de la Belle Époque, le lecteur féru d'occultisme des *sixties* était invité par RB à composer avec le Veilleur Blanc, surgi d'une nuit romaine de 1969 pour provoquer en terre de France une résurgence templière appelée — avec le recul sanglant de l'Histoire — à avoir de douloureux et morbides prolongements.

Le sénateur hoche la tête.

— Si je suis votre raisonnement, René, ce Veilleur Blanc pourrait être une sorte de nonce apostolique secret.

— Nonce apostolique ?

— Oui. Un agent diplomatique ayant rang d'ambassadeur accrédité par le Saint-Siège...

— Et ?

— Les nonces ont vocation de représenter, auprès d'un État, les intérêts de la sainte Église Catholique, Apostolique et Romaine. C'est ainsi depuis des lustres. Dès 1530 ont existé des nonciatures permanentes en Espagne, en France, à Venise et dans le

Saint-Empire. Certains nonces apostoliques sont mis à la disposition de la Secrétairerie d'État, ils résident à Rome...

Je garde le silence, je laisse le sénateur développer son propos.

– ... Admettons que votre Veilleur Blanc ayant convié RB à venir le rencontrer dans la ville éternelle soit un Nonce Blanc, René, rattaché de manière secrète à la Secrétairerie d'État, un dignitaire d'une Église cachée au sein de l'Église romaine n'hésitant pas à revenir sur des décisions pontificales comme celle de la dissolution de l'Ordre des Templiers en 1314. En mars 1969, votre Veilleur ou Nonce Blanc convoque Reynald Brilland à Rome. Il lui donne mandat, en plein bouillonnement Gladio, dans l'intérêt secret de la sainte Église catholique et des puissances occidentales, de faire resurgir l'Ordre du Temple en France, à l'issue d'une cérémonie initiatique devant se tenir dans la crypte de la cathédrale de Chartres. Autrement dit, il confie à RB les clefs de l'Ordre du Temple Renouvelé, l'OTR, qui sera créé en 1970 au sortir de la crypte de Chartres et dont RB finira par se désolidariser en 1972, après avoir passé le flambeau à un certain Julien Franken, lui-même appelé à passer le flambeau en 1984 à un certain Luc Jouret. Que pensez-vous de cette possibilité ?

Je souris.

– C'est une possibilité intéressante.

Mais j'ajoute aussitôt :

– Les Templiers, au Moyen-Âge, ont créé leur Ordre à Jérusalem après être passés par Chartres, haut-lieu druidique, ils se sont installés dans les anciennes écuries du Temple de Salomon. Le Temple de

Jérusalem représentait, pour eux, le modèle absolu que s'est empressée d'annexer, de longs siècles plus tard, la franc-maçonnerie. Dans la cour réservée aux prêtres du Temple de Salomon beuglaient les victimes sacrificielles, coulait le sang, brûlait la graisse des animaux offerts en sacrifice à l'Éternel pour que l'Éternel continue d'assurer la prospérité d'Israël...

    – Le rapport avec aujourd'hui, René ?

    – Les dingues qui font semblant d'avoir repris le flambeau sont passés au stade supérieur, ils ne se contentent plus de sacrifier des animaux. Ils organisent des sacrifices humains, ils font couler le sang, ils font brûler la graisse de femmes, d'hommes, d'enfants...

2004

CHAPITRE 7

16 h 30.

Je prends congé du sénateur Durand-Paqué après avoir accepté sa proposition. Reprendre du service à ses côtés. Me pencher sur ce que le sénateur estime être le faux suicide de sa nièce et rouvrir le dossier OTS.

Je suis accessoirement chargé de découvrir si le Veilleur Blanc a bénéficié — de 1969 à 1997, voire au-delà — de complicités au sein de l'Église catholique française, mais aussi des corps constitués de l'Hexagone. Dans l'éventualité où cet étrange prélat aurait eu un successeur (trois décennies se sont quand même écoulées depuis « Rencontre secrète à Rome », le récit consacré au Veilleur Blanc dans *Les Grands Initiés et moi*), il me faudra essayer de cerner les activités actuelles dudit successeur, leur nature et leurs incidences. Sans omettre de tenter de percer le mystère de la G... et tâcher de voir si cette Loge-mère sauvage est toujours opérationnelle.

J'ai carte blanche, contrairement à ce qui s'était passé en 1995. Je vais pouvoir avancer, tâtonner, tourner en rond le cas échéant. Je dispose d'une liberté totale. Je suis sous contrat d'un an. Renouvelable. En tant que chargé de mission.

Ça tombe bien, je viens de céder mon agence de communication, j'ai les rognons couverts et du temps libre.

Pour le président du Sénat, sous couvert d'enquêter discrètement sur les survivants de l'OTS, je suis surtout chargé, moins d'une décennie après le drame de Saint-Pierre-de-Chérennes, et trois ans après les attentats new-yorkais du 11 septembre, d'évaluer les risques de « mutation » du phénomène sectaire, de connexion avec l'univers djihadiste.

CHAPITRE 8

Je rentre chez moi, quai des Célestins. J'ai besoin de me replonger dans mes archives.

« Le Veilleur Blanc n'a aucune existence réelle, avait soutenu RB devant le juge de Grenoble chargé d'instruire l'affaire de Saint-Pierre-de-Chérennes. Le Veilleur Blanc est un personnage de roman, je l'ai inventé pour rendre mon livre sur les Grands Initiés plus vivant, plus percutant. »

Soporifique sémantique, élixir d'oubli. Porte coupe-feu, serrure blindée pour éviter toute intrusion indésirable. Au choix. Les personnages de roman ne sont pas concernés par les actes d'instruction judiciaire. Le juge de Grenoble, en magistrat pragmatique officiant au pays de la comtesse de Ségur, s'était empressé de trouver convaincantes les explications fournies par RB et d'écarter le très « romanesque » Veilleur Blanc de ses investigations. Circulez, il n'y a plus rien à voir ! L'auteur des *Grands Initiés et moi* avait parlé et sa parole était d'or. L'adage veut que la parole s'envole et que les écrits restent. Dans l'enceinte du palais de justice de Grenoble, c'est l'inverse qui prévaut, les écrits s'envolent, la parole reste.

*

Rome peut dormir tranquille, le coupe-feu a fonctionné, le Veilleur Blanc est évacué du dossier. Comme sera évacuée l'hypothèse de l'utilisation d'un lance-flammes sur la scène de crime du Vercors, avancée par certaines parties civiles. Le juge de Grenoble ne croit pas à la piste de l'implication militaire.

Reste la présence de deux policiers français. Impossible de les évacuer ceux-là, d'en faire des personnages de polar, des êtres virtuels, fictifs comme le Veilleur Blanc, leurs cadavres sont bien réels. Un tueur, l'inspecteur Danchel, de la Diccilec (ex-Police de l'air et des frontières). Infiltré, disent les mauvaises langues, sur ordre des RG ou de réseaux ayant survécu à la dissolution du Service d'Action Civique. Un exécutant, l'inspecteur Roban, de la Police judiciaire de Paris, chargé du travail clandestin.

Approche complotiste, a tranché — en off, bien sûr — le cabinet du ministre de l'Intérieur, relayé avec zèle par les journalistes accrédités, ce qui a le mérite de blanchir la police.

Donc, rien du côté de l'Armée française — placée depuis 1945 sous la tutelle, plus ou moins étroite, de l'OTAN et du Pentagone — et rien du côté de la police française.

*

L'implication d'une composante militaire et policière au Vercors était pourtant pertinente en raison de la présence abusive de phosphore sur le sol abîmé par la calcination des corps des victimes, lesquelles, selon les constatations et expertises notamment balistiques, ont été abattues par l'un des deux policiers présents sur la scène de crime.

De même qu'un commando avait été utilisé à Cheiry, en Suisse, pour obliger les vingt-trois malheureuses victimes à ingérer une substance active appartenant à la classe pharmacologique des benzodiazépines afin de les plonger dans un profond sommeil, pour mieux les abattre de manière « artisanale » avec un minable Smith & Wesson 22 LR, un commando avait opéré à Saint-Pierre-de-Chérennes, dans l'Isère. Seuls des professionnels — barbouzes, militaires et flics ou anciens militaires et anciens flics — pouvaient avoir monté et exécuté de sang-froid des opérations aussi tordues en ne laissant derrière eux que des traces de phosphore trop « grossières » pour être prises en compte par la justice française, sensible, par tradition, à la jurisprudence de la raison d'État.

Bref, si on avait décidé en haut lieu de liquider le volet « ésotérique » des réseaux Gladio tricolores ou arc-en-ciel en comptant sur les réflexes pavloviens de l'institution judiciaire française, on ne s'y serait pas pris autrement. Quatre ans après l'état des lieux ainsi dressé par le Président François Mitterrand : *« Quand je suis arrivé, il ne me restait plus grand-chose à dissoudre. Il restait quelques résidus dont j'ai eu connaissance avec une certaine stupeur, étant donné que tout le monde ne s'en souvenait plus. »* (Conférence de presse élyséenne du 13 novembre 1990.)

En présence d'une vérité officielle, le décodage s'impose. C'est une simple question de bon sens. Et si l'on décode la version livrée par Mitterrand en conférence de presse, cela donne : en raison de l'amnésie des autorités gouvernementales et des responsables des services spéciaux français, des « résidus » de réseaux dormants voulus par les Américains au sortir de la Seconde Guerre mondiale subsistaient sur le sol hexagonal en 1981, lors de l'arrivée de la gauche au pouvoir.

Pour les faire disparaître, il y avait eu dissolution. Mais cette dissolution — résiduelle — avait été bâclée. En tout cas, elle s'était avérée inopérante puisque d'aucuns s'étaient sentis obligés en 1995 — alors que Mitterrand n'était plus à l'Élysée et n'avait plus que quelques mois à vivre — de se remettre à dissoudre...

En laissant seize cadavres derrière eux.

CHAPITRE 9

Je me sens d'autant plus à l'aise pour secouer le cocotier tricolore que François Mitterrand appartient à mon petit panthéon perso. Mitterrand m'avait fait rêver en 1981. J'étais lycéen, j'appartenais aux jeunesses socialistes, je le considérais déjà comme un personnage de roman. Sa mort, en janvier 1996, m'a profondément attristé.

L'installation des *stay-behind* dans l'immédiat après-guerre, Mitterrand ne pouvait qu'en avoir eu très tôt connaissance. Son anticommunisme viscéral, son appartenance aux gouvernements Ramadier et Schuman, sa nomination de ministre délégué au Conseil de l'Europe du gouvernement Laniel et — enfin — sa position de **ministre de l'Intérieur** (ministre de tutelle du contre-espionnage) du gouvernement Mendès France (1954-1955) ne pouvaient que lui avoir fait toucher du doigt la dure réalité des *stay-behind*. À savoir le recrutement de patriotes, d'anticommunistes farouches, d'anciens prisonniers et d'anciens collabos destinés à faire face au danger de l'invasion de l'Europe par l'Armée rouge, danger qui avait perduré tout au long de la Guerre froide.

D'après sa conférence de presse du 13 novembre 1990, François Mitterrand, alias le Florentin, avait été informé dès son accession à l'Élysée — avec une « stupeur » sans doute très relative — de l'existence des résidus *stay-behind* de la Guerre froide.

Par qui ?

Valéry Giscard d'Estaing, son prédécesseur, européen et atlantiste convaincu ?

François Brittel-Midi, son vieux compagnon de route de l'après-guerre, atlantiste forcené ?

Dès 1947, Brittel-Midi avait participé à l'implantation *stay-behind* sur le sol français. C'était un « national ». Son anticommunisme farouche l'avait amené à rejoindre en 1941 le très pétainiste service d'ordre légionnaire (SOL) appelé à devenir la Milice.

À la Libération, Brittel-Midi avait eu l'habileté de fournir des témoignages certifiés faisant de lui un infiltré pour le compte de l'ORA, l'Organisation de résistance armée. D'aucuns murmuraient qu'il avait infiltré l'ORA pour le compte du SOL puis de la Milice. D'où l'étiquette d'agent double qui allait lui coller quelque temps à la peau. Mais une chose était sûre — infiltré à l'initiative d'un des deux camps — il avait rejoint, fin 1943, le maquis de la Chartreuse, près de Grenoble, et participé aux combats héroïques du Vercors.

*

Colonel de réserve, ayant épousé une riche héritière, devenu un homme d'affaires respectable et respecté, Brittel-Midi, alias « Leduc », reconnaîtra — quand éclatera le scandale Gladio (*stay-behind* italien) — avoir été chargé de l'implantation lyonnaise du réseau dormant « arc-en-ciel » voulu par les Américains. Il tentera toutefois de minimiser son rôle. « Je n'y suis resté qu'un an », répétera-t-il aux journalistes. Ajoutant néanmoins: « mais c'est vrai que j'ai fait ensuite des périodes dans les services spéciaux. »

Prière de rester circonspects devant de telles déclarations. La désinformation fait partie du job d'agent de l'ombre. Et avec « Leduc » on est en présence d'un agent de l'ombre ayant fait ses premières armes en qualité d'agent double. Une chose est sûre : tout au long de sa vie, Brittel-Midi sera l'homme des Américains. À leur demande, il financera, sous la quatrième République, les activités de la gauche non communiste en France. Il s'investira dans la création du magazine *L'Express*, il favorisera l'ascension politique de François Mitterrand.

Surnommé « Belphégor », « le duc de Guise », « le Cardinal » ou encore « Morny », Brittel-Midi entrera avec le Florentin à l'Élysée en mai 1981, il deviendra chargé de mission auprès du président de la République et président du comité des chasses présidentielles. Ses attributions de conseiller du prince s'exerceront essentiellement dans le domaine du renseignement et de la sécurité. Il héritera des dossiers sensibles liés au Maroc, au Gabon, au Pakistan et aux pays du Golfe.

1994

CHAPITRE 10

Juin 1994.

Trois mois se sont écoulés depuis le suicide controversé du « national » François Brittel-Midi (découvert par son garde du corps, gendarme du GIGN, la tête à demi arrachée par une balle du. 357 Magnum qu'il tenait encore en main, dans son bureau au premier étage de l'aile ouest du palais élyséen).

Je suis le tout nouvel assistant parlementaire du sénateur Durand-Paqué. Mon patron, spécialiste du renseignement, me demande de lui préparer des fiches sur l'implication française au Rwanda et ses conséquences sur le « moral » de la communauté rwandaise à Paris.

Grâce au carnet d'adresses sénatorial mis aimablement à ma disposition, j'entreprends de faire le tour des popotes parisiennes des opposants au régime du président Habyarimana (dont l'avion a été abattu par deux missiles Sam-16 que les mauvaises langues disent avoir été fournis par les services spéciaux français). L'un de ces opposants, devenu hôtelier à Barbès, me met en contact avec un ancien colonel de la DGSE qui l'avait « traité » en son temps.

Le colonel Gaspard Gaspart, dit GéGé.

Un personnage haut en couleur comme seule la coloniale sait en produire.

*

Je fais la connaissance du colonel Gaspard Gaspart par un bel après-midi ensoleillé. Dans son splendide appartement de la place des Vosges.

— Mon cinquième divorce n'est pas parvenu à me mettre sur la paille, comme vous pouvez le constater, jeune homme ! À peine divorcé, j'ai réussi l'exploit de me remarier avec une veuve richissime qui avait fait fortune dans l'immobilier et le pinard ! Cette fausse blonde, mais authentique salope, a eu la délicatesse de décéder d'un infarctus en pleine lune de miel... Elle m'a laissé ce petit bijou en héritage ainsi qu'une flopée de villas que je me suis empressé de bazarder, histoire de flamber au poker et rouler en Porsche sans avoir de problèmes de fin de mois...

J'ai droit à une synthèse en accéléré de la carrière de GéGé débutée chez les RPIMA, poursuivie au 11ᵉ Choc en pleine affaire Ben Barka, boostée par l'assassinat d'un peintre en bâtiment ayant eu l'outrecuidance de cocufier le président du Gabon et achevée au service action de la DGSE, en pleine affaire du Raimbow-Warrior, à la veille de son troisième divorce.

— Donc vous êtes ici, jeune homme, pour tenter de me tirer les vers du nez alors que je viens tout juste de me remettre d'une méchante sinusite attrapée en lutinant une bonniche dans les courants d'air !

— Je veux juste obtenir de quoi remplir une fiche...

— Il est communiste, votre sénateur ?

— Divers gauche...

— Gauche d'hiver ou gauche d'été, pour moi de toute façon ça craint !...

Il éclate de rire.

– … Mais puisque vous avez fait l'effort de venir jusqu'ici, je ne vais pas vous laisser rentrer bredouille. Je vais vous offrir deux, trois petits biscuits pour la route.

*

C'est ce jour-là que j'apprends l'existence des Transparents.

CHAPITRE 11

Il s'agit au départ d'une association parfaitement anodine. Une amicale. Celle des anciens des services spéciaux français, fondée en 1932 par trois as du renseignement, issus de la droite anticommuniste. Ravis de créer un espace de rencontre, d'échange de souvenirs, de fraternité d'armes, de convivialité.

Mais pas seulement...

Les Transparents servent de vivier, dès 1947, selon GéGé, à l'aventure « arc-en-ciel ». Ses membres ont le profil idéal pour intégrer le *stay-behind* voulu par les Américains. Mais très vite un tri s'opère au sein de l'amicale... Les Frères trois-points se font invisibles parmi les Transparents.

François Brittel-Midi, franc-maçon notoire, va être à la manœuvre pour créer à l'Orient de Lyon une loge sauvage, d'inspiration templière, avec l'aval du SDECE, ancêtre de la DGSE, la Loge Arc-en-ciel pratiquant le rite écossais rectifié.

Gégé en parle d'autant plus librement qu'il y a prescription. Les réseaux arc-en-ciel, avec l'arrivée de De Gaulle au pouvoir, sont censés — au sens figuré — avoir rejoint le fond de la grotte de Lascaux.

Il n'empêche. Symbolique intéressante que celle de l'arc-en-ciel, phénomène lumineux généralement visible par temps d'averse qui présente les sept couleurs du spectre et prend la forme d'un arc (arme guerrière) voire d'un pont. Un pont aux sept couleurs reliant la terre au ciel. Une construction qui permet de franchir un obstacle naturel ou artificiel (dépression, cours d'eau, vallée, ravin, canyon), d'observer et de défendre un territoire aussi bien qu'une tour (Maison-Dieu, seizième arcane du Tarot) sinon mieux. (En temps de guerre, le pont est appelé à revêtir une importance stratégique).

Gégé n'hésite pas à brancher les 7 couleurs de l'arc-en-ciel préempté par Brittel-Midi sur les 7 Loges « gaullistes » ayant fait scission avec la Maçonnerie écossaise, en 1958, pour créer la Grande Loge Hexagonale Rectifiée et se ruer, à l'initiative de Foccart, à l'assaut de l'Afrique.

Pour Gégé, c'est le *stay-behind* implanté dans l'Hexagone qui est à l'origine de la scission des 7 Loges.

Quant à François Brittel-Midi, il ne s'est pas suicidé, contrairement à la version officielle.

On l'a un peu aidé.

– Raison d'État, comme on dit jeune homme. Mais surtout raisons africaines...

CHAPITRE 12

Flashback

Avril 1994.

Brittel-Midi est dépressif, malade, au bout du rouleau, il parle volontiers de son désir de se suicider, si l'on en croit les journalistes proches du pouvoir ou sensibles à la raison d'État qui vont s'empresser de relayer les éléments de langage en provenance du Château.

Il est en pleine forme, il tempête contre le fils Mitterrand surnommé « Papa-m'a-dit » qui fait n'importe quoi en Afrique et les « Rwandais » de l'Élysée qui s'apprêtent à couvrir un génocide, si l'on en croit ses amis, dont un ancien capitaine du GIGN.

Il est le parrain de la fille cachée de Mitterrand.

Brittel-Midi a accumulé des dossiers sur le Florentin et menace de publier ses mémoires qu'il promet sans concession vis-à-vis du pouvoir socialiste, lequel l'a trop déçu ces derniers temps pour qu'il en aille autrement.

Il se « suicide » dans son bureau de l'Élysée le lendemain même de l'attentat contre le président contesté du Rwanda.

Avant que son suicide ne soit signalé aux autorités judiciaires parisiennes, on « nettoie » son appartement du Quai Branly et le manuscrit de ses mémoires disparaît.

CHAPITRE 13

Il est incontestable que François Brittel-Midi, alias « Leduc », alias « le Cardinal », a été dans l'immédiat après-guerre l'un des artisans de l'implantation *stay-behind* sur le sol français impliquant des militaires et des policiers nationaux.

Jo Di Mambro, patron de l'OTS, ancien membre de l'Alliance Rose-Croix, a été sinon membre du moins proche du Service d'Action Civique (SAC), lequel était truffé de barbouzes et de policiers liés au *stay-behind* français « arc-en-ciel ».

Di Mambro a eu pour bras droit Luc Jouret, ancien membre de la Grande Loge Hexagonale Rectifiée, ancien officier de renseignement para-commando belge, spécialisé dans l'infiltration des lignes ennemies. Or — le fait a été confirmé au sénateur Durand-Paqué par un policier de la Sûreté de l'État membre du Grand-Orient de Belgique — Luc Jouret était venu en Belgique, en septembre 1994 (soit un mois avant les massacres suisses) rencontrer celui qui avait été son chef de peloton ESR (Équipe Spéciale de Reconnaissance) à Kolwezi (Congo, ex-Zaïre), le commandant Arthur, spécialiste du renseignement militaire.

– Pour faire quoi ?

– Évoquer le bon vieux temps ?

– Mettre au point une « opex » (opération extérieure) sauvage qui allait se révéler pour Jouret être la dernière ?

La venue de Jouret outre-Quiévrain, un mois avant le déclenchement des premiers massacres OTS, afin d'y rencontrer un ancien cadre des ESR, à défaut de relever de la simple coïncidence, était peut-être de nature à servir, pour l'observateur avisé, de piqûre de rappel, la Belgique n'étant pas un pays neutre, la Belgique abritant depuis 1965 le siège de l'OTAN (il s'y décide ou s'y déroule des opérations clandestines consubstantielles au fonctionnement de l'Alliance atlantique).

Dix ans avant les premiers massacres OTS, la piste des tueurs fous du Brabant a eu le mérite, si je puis dire, d'illustrer le côté obscur de certaines implications de l'Alliance. Liés au *stay-behind* belge — selon les confidences reçues par mon patron de la bouche d'un sénateur bruxellois — , ces tueurs fous avaient opéré en deux vagues (de 1982 à fin 1983, puis à l'automne 1985), faisant 28 morts et 22 blessés lors d'attaques à main armée dans la province du Brabant. Leur objectif, en multipliant les braquages sanglants, était de déstabiliser l'État belge.

En 1984, l'ancien para-commando belge Luc Jouret, spécialiste de l'infiltration, passionné d'ésotérisme et de médecine parallèle, ancien membre de la Grande Loge Hexagonale Rectifiée, infiltre l'OTR dirigé par Julien Franken, ancien agent français de la Gestapo, passionné d'ésotérisme, vraisemblablement recruté à sa sortie de prison, en 1950, par le *stay-behind* « arc-en-ciel » pour fixer les premières pentures et barres du volet ésotérique du *stay-behind* appelé à être verrouillé avec l'entrée en lice de la GLHR. Jouret infiltre-t-il l'OTR voulu par le Veilleur Blanc pour le compte de Jo Di Mambro, pour son propre compte (prendre la succession de Julien Franken alors atteint d'un cancer) ou pour le compte de stratèges dévoyés de la mouvance ESR, bras armé de l'OTAN, ayant choisi de renforcer le volet ésotérique de leurs petites structures ?

Les années 1982-1983 ont constitué une période charnière selon le commandant Arthur, supérieur hiérarchique et frère d'armes de Luc Jouret. Celle du dévoiement du *stay-behind* belge, sous contrôle de l'OTAN. On braque, on tue des innocents dans la province du Brabant pour déstabiliser l'État belge. Or, en France, l'année 1984 est celle du début du désamour entre le Président Mitterrand et Brittel-Midi, alias « Leduc », alias « le Cardinal ».

Alerté par ce qui se passait en Belgique — et risquait de se passer en France selon certaines « sources » dont il n'avait jamais cessé de disposer — Brittel-Midi aurait-il fait part au président Mitterrand de son désaccord profond quant à l'orientation criminelle que d'aucuns souhaitaient donner au *stay-behind* français (faussement dissous) qu'il avait contribué, en toute bonne foi, à implanter dans le but de protéger chez nous le camp de la liberté ?

Mis sur la touche en 1984, Brittel-Midi continuera néanmoins de régner sur les chasses présidentielles, d'inviter en son appartement du quai Banly des personnages importants, de « consulter » des ministres, des cadres et agents des services spéciaux étrangers. Parallèlement à cela, il s'attaquera à la rédaction de ses mémoires qui disparaîtront en 1994, le jour de son « suicide » dans son bureau de l'Élysée.

2004

CHAPITRE 14

15 h 15.

Coup de fil de Jocelyne, l'une des secrétaires du président du Sénat avec laquelle j'entretiens une relation intermittente capable d'accélérations torrides quand son mari est en voyage d'affaires.

– René ?

– Tu appelles de ton bureau, tu ne peux pas parler, je sais... On applique donc les consignes de l'état d'urgence. Quel hôtel, quelle chambre et à quelle heure ?

Elle rit au bout du fil.

– Pas avant trois semaines si son séjour au Liban tient toujours. Mais je suis seule au bureau et je peux parler, c'est pour ça que je me suis permis de t'appeler... Sauf qu'apparemment tu n'as pas l'air au courant !

– Au courant de quoi ?... De quoi tu parles ?

– Durand-Paqué s'est fait tirer dessus !

*

Direction Saint-Cloud.

Je parlemente avec un commandant et un capitaine de CRS pour franchir les cordons de sécurité qui barrent l'accès au Val-d'Or. Je finis par franchir les grilles de la gentilhommière.

– Je vois que les nouvelles vont vite, René.

– J'ai presque envie de l'embrasser.

– Vous n'avez rien, monsieur le sénateur ?

– Non. On a eu de la chance... Georges est un excellent chauffeur et il a eu l'excellent réflexe de mettre le pied au plancher après avoir fait une embardée pour gêner le conducteur de la moto.

– Ça s'est passé à hauteur de la clinique du Val-d'Or. Ils roulaient vers Garches. Deux coups de feu tirés par le passager d'une Yamaha en train de les doubler. Vitre arrière gauche de la BMW pulvérisée.

– Même pas une égratignure, René...

– La brigade criminelle est sur place.

– ... Heureusement, il n'y a pas de témoins. Avec un peu de chance, l'affaire ne s'ébruitera pas. La droite n'a rien à gagner d'être prise en défaut sécuritaire et la gauche a trop de casseroles à faire oublier pour ne pas suivre les consignes que je vais lui donner. Silence et bouche cousue. Je vais du moins m'arranger pour que ça se passe ainsi.

– Il faut néanmoins revoir votre protection...

– Je viens d'avoir Sarkozy au téléphone. J'ai toujours eu de bons rapports avec Sarko, René... Deux capitaines du service de sécurité du ministère de l'Intérieur, le SSMI, vont assurer, dès demain, ma protection. C'est réconfortant, non ?

CHAPITRE 15

Les deux capitaines promis par le ministre Sarkozy sont en réalité trois.

Deux hommes.

Une femme.

Je fais la connaissance de la capitaine Christelle Mazin le samedi 19 juin, en milieu de matinée.

L'intéressée débarque chez moi sans prévenir.

– Capitaine Mazin, de la DCPJ. Paraît qu'on doit travailler ensemble...

– Formidable.

Direction mon salon.

– Je vous offre un café ?

– Un thé, c'est possible ?

– Thé vert, fruits rouges, citron... C'est tout ce que j'ai.

– Thé vert, c'est parfait.

Je me fais un café très léger. Je reviens avec deux tasses, une théière, une assiette de gâteaux secs. Jolie, la capitaine. Et sympa. Brune aux yeux verts comme Christelle. Mais les cheveux beaucoup plus courts. Et la voix beaucoup plus enjouée.

– Qui commence ?

– Vous.

Elle rit.

– Je suis ici pour vous aider dans vos recherches. J'avoue ne pas avoir tout compris sauf que ça pourrait toucher à la raison d'État...

– Je prélève dans l'assiette une madeleine.

– Étonnant.

– Qu'est-ce qui est étonnant ?

– L'empressement du ministère de l'Intérieur à s'immiscer dans une affaire très personnelle, à savoir le suicide d'une journaliste, fut-elle la nièce d'un sénateur de l'opposition...

Elle sourit en prenant à son tour une madeleine.

– Opposition, c'est vite dit. Durand-Paqué a toujours été élu et réélu grâce à la complaisance active de la droite des Hauts-de-Seine. Il déjeune régulièrement avec Simon Siméandri qui est l'œil de Pasqua place Beauvau...

– Vous venez des Renseignements Généraux ?

Elle me fait un clin d'œil.

– Comment vous avez deviné ?...

Elle engloutit sa madeleine.

– ... J'y ai fait cinq ans avant d'être affectée à la DCPJ.

– L'affaire du Temple Solaire, ça vous dit forcément quelque chose ?

– Forcément. J'ai travaillé dessus pendant quatorze mois, de février 1995 à mai 1996.

CHAPITRE 16

— Évidemment, tout ce que je vous raconte depuis ma deuxième madeleine, c'est du off, comme disent les journalistes.

On ne se connaît que depuis une heure et j'ai l'impression qu'on est déjà de vieux amis.

— Si on se tutoyait ?

— Excellente idée ! Je peux fumer ?

— Tu peux.

La capitaine Mazin sort un paquet de Gitanes, me le tend. Je pioche une cigarette. Fais claquer mon Zippo.

— C'est quoi ta vraie feuille de route ? M'espionner ?

Elle hoche la tête en avalant une longue goulée de fumée.

— Ouais... Fouiller dans ton linge sale, te tirer les vers du nez et rendre compte à mon chef de groupe, le commandant Massart, par ailleurs très pote avec le commandant Nagueul, l'ancien directeur d'enquête sur l'OTS, l'homme qui a exécuté en solo toutes les commissions rogatoires du juge Fontaine de Grenoble.

— Pourquoi ils t'ont choisie, toi et pas une autre ?

Elle fait la grimace.

— Je plais beaucoup à Massart... Il est beau gosse, mais un peu lourdingue dans la drague. Je l'ai sèchement rembarré au début, mais, curieusement, il ne m'en a pas tenu rigueur, il se permet juste de me taquiner de temps en temps. Bref, il m'a à la bonne et il se dit que peut-être un jour, ça se fera... En attendant, il me fiche la paix et il me file des dossiers intéressants. Dont le tien... Ça va, c'est assez clair ?

Je fais la moue.

– Tu roules pour Massart, le pote de Nagueul, OK... Mais Massart, il roule pour qui ?

Elle rejette une longue goulée de fumée par les narines.

– Massart roule pour lui... Il n'y a que lui qui l'intéresse.

Je réfléchis à voix haute.

– Durand-Paqué se fait tirer dessus, il alerte le président du Sénat qui alerte le ministre de l'Intérieur, jusque-là c'est logique. Deux officiers de police sont chargés d'assurer la protection du sénateur qui a failli se faire buter. Logique là encore. Mais quelqu'un profite de l'occasion pour que tu viennes sonner à ma porte et m'offrir tes services... Pas logique ça, par contre.

Elle sourit en écarquillant ses grands yeux verts.

– Sauf si le monsieur en question n'est autre que le sénateur Durand-Paqué, ton cher patron !

CHAPITRE 17

Elle a vu juste...

J'ai pris la route de Saint-Cloud après le départ de la capitaine Mazin. Je voulais en avoir le cœur net.

– C'est moi qui ai négocié son entrée en lice, admet le sénateur Durand-Paqué. Je ne la connais pas personnellement, René, j'ai demandé qu'on vous adjoigne une protection pour l'accomplissement de la mission dont je vous ai chargé, c'est tout. J'ai dû négocier ferme. Ce qui les a sans doute convaincus, c'est que l'attentat dirigé contre ma personne est survenu peu après votre recrutement consécutif au prétendu « suicide » de ma nièce... Le directeur de cabinet du ministre m'a rappelé pour me dire qu'ils avaient pris la décision de détacher auprès de vous une fonctionnaire particulièrement compétente. Mais je ne pensais pas qu'ils agiraient aussi vite, sinon je vous en aurais parlé plus tôt...

Le sénateur se lève, me tend la main.

– ... Navré de ne pouvoir vous retenir plus longtemps, René, je suis attendu par le président du Sénat. J'espère que votre « cohabitation » avec la capitaine Mazin se passera de la meilleure des façons... On s'arrange pour déjeuner ensemble d'ici une dizaine de jours. Bon courage à vous.

– Merci, monsieur le sénateur.

*

Au sortir de la gentilhommière, je mets le cap sur Suresnes.

Antoine de Boissière y demeure dans une vieille et belle maison du centre-ville. Ce septuagénaire a fait fortune dans l'immobilier aux États-Unis avant de rentrer en France. C'est un spécialiste du rosicrucianisme et du martinisme. Il ne sort pratiquement jamais de sa demeure somptueusement meublée et tapissée de livres anciens où il reçoit de rares visiteurs. C'est Charles Brebier, ancien membre du conseil de l'ordre du Grand Orient de France, qui m'avait mis en contact avec lui en 1996. Antoine de Boissière m'a probablement oublié.

– Pas du tout... Je vous avais trouvé intéressant et courageux à l'époque.

Il me reçoit dans son immense bureau Louis XVI aux murs couverts de tapisseries d'Aubusson et de tableaux de maîtres. Tout un pan de mur est tapissé d'incunables.

– Prenez place...

Le fauteuil dans lequel je m'installe religieusement, si je me souviens bien, a été celui du poète Malherbe.

– Que me vaut l'honneur de votre visite, jeune homme ?

Je lui relate l'attentat dont ont été victimes le sénateur Durand-Paqué et son chauffeur. Il m'écoute avec attention avant de me confier que le sénateur Durand-Paqué a déjà essuyé des tirs sur sa voiture il y a deux ans... Il était en compagnie de Charles Brebier et d'une jeune femme. C'est le sénateur qui conduisait.

CHAPITRE 18

– Autre chose avant que vous ne partiez, monsieur Farel, sourit Antoine de Boissière. En mai 1975, j'ai quitté les États-Unis où j'avais fait fortune dans l'immobilier pour revenir en France. J'étais plein aux as et je m'étais découvert une nouvelle passion, la traque aux grimoires alchimiques. Le temps de m'installer à Paris, dans le Marais, je me suis fait courtier en livres rares. J'ai refait fortune. En juin 1976, j'ai cédé ma librairie alchimique de la rue des Francs-Bourgeois. J'avais dans mon portefeuille un gros chèque avec plein de zéros. Le hasard qui n'existe pas, au sortir de Notre-Dame où j'avais cru devoir aller allumer un cierge et prier, m'a fait rôder dans les allées du jardin médiéval de Cluny... À un moment où j'étais assis sur un banc, à me demander dans quel secteur j'allais pouvoir trouver matière à continuer de m'enrichir, un vieil homme, emmitouflé dans un manteau d'hiver malgré la chaleur printanière, s'est assis près de moi. Il avait dû ramasser en venant un clou rouillé... Il s'est mis à tracer sur le sol poussiéreux des symboles alchimiques avec son clou qui ne pouvaient que susciter mon étonnement et mon intérêt. « Surtout ne dites rien, m'a-t-il dit avec un fort accent écossais. Contentez-vous de m'écouter. » C'est ce que j'ai fait. Le vieil homme m'a donné des détails sur ma vie que je croyais être seul à connaître. Il savait tout de moi. Tout. Y compris des choses dont, aujourd'hui encore, je ne suis pas fier et que je voudrais n'avoir jamais commises, mais c'est trop tard. J'étais incapable d'ouvrir la bouche, je me contentais de l'écouter. Avant de se lever, il m'a dit : « Continuez de vous intéresser à l'ARC et au Veilleur Blanc. Ce faisant, vous allez vous exposer à quelques dangers... Mais rien d'insurmontable. Que la paix profonde des Rose-Croix authentiques soit en vous. Nous nous reverrons le moment venu... Bon courage ».

Je ne puis m'empêcher de demander :

– C'était qui ce vieil homme qui savait tout sur vous ?

– Je ne suis pas autorisé à vous répondre, monsieur Farel... Du moins pas encore. Mais nul doute que cela viendra.

CHAPITRE 19

Pas de nouvelles de la capitaine Christelle Mazin pendant une semaine.

Je mets à profit ce silence prolongé pour reprendre contact avec Charles Brebier. Mais ce dernier étant absent pour cause de séjour chez sa fille aînée vivant à Los Angeles, je me rabats sur ce que j'appelle la tournée des popotes rosicruciennes, à partir du petit fichier que je m'étais constitué juste après le massacre de Saint-Pierre-de-Chérennes.

Je fais chou blanc.

La plupart de ceux qui m'avaient ouvert leur porte et leurs souvenirs ont tourné la page, ils ne veulent plus entendre parler de Templiers, de Francs-Maçons, de Rose-Croix, de Veilleur Blanc, de Maîtres Cosmiques, ils n'ont qu'une envie : qu'on leur fiche la paix. Les autres n'ont rien appris de nouveau sur l'OTS, ils savent, par ce qu'ils ont lu ou entendu ici et là, que certaines structures « solaires » ont survécu et continuent de délirer dans l'ombre sur l'Apocalypse. Ils ont été déçus par la décision du tribunal correctionnel puis de la cour d'appel de Grenoble même s'ils s'y attendaient. C'est toujours pareil avec les pouvoirs publics. Dès que ça touche à des trucs sensibles, style l'affaire Boulin, de Broglie ou Fontanet, on a droit à l'Omerta. Éventuellement on fait sauter un fusible, on s'acharne sur un lampiste, mais c'est tout. *Circulez y a rien à voir* est un vieux principe qu'on adore appliquer en haut lieu.

*

— Coucou, me revoilou. J'ai du nouveau, tu vas aimer...

La capitaine Christelle Mazin débarque chez moi le mardi 29 juin en fin de matinée.

— … Je ne t'ai pas tout dit, l'autre jour. Je suis très copine avec Patricia Jouvenfroi de *Scoop*. Elle était pigiste à *L'Express* quand j'ai commencé aux RG, elle est passée à *l'Obs* et maintenant elle cantine à *Scoop* avec un putain de salaire tout en ayant maintenu son accréditation auprès de la place Beauvau. C'est une intrigante, elle a les dents longues, mais on s'entend bien toutes les deux. Elle ne croit pas non plus au suicide de la nièce du sénateur.

Je me fais un thé vert, moi aussi. Je le bois brûlant pendant qu'elle souffle sur le sien.

— Et toi, tu y crois ?

Elle sourit.

— Personne n'y croit, René. Tout le monde fait semblant.

*

J'invite Christelle à déjeuner.

On quitte mon domicile pour *L'Ange 20*, ma cantine de la rue des Tournelles.

Gambas en kadaïf, fondant d'agneau, crème brûlée à la pistache pour moi. Croustillant de chavignol, magret de canard, pommes caramélisées sur sablé breton pour elle. Eau plate chacun. Pas de thé, pas de café après les desserts.

J'écoute religieusement Christelle. Je fais le plein d'informations sur Muriel Ledoux, la nièce de mon patron.

Le soir, dans mon lit, je me repasse tranquillement le film de notre conversation.

CHAPITRE 20

La journaliste Muriel Ledoux était rentrée de Toulon le mercredi 16 juin. Elle venait de passer quatre jours en reportage dans le Var. La direction de l'hebdomadaire *Scoop*, son employeur, prétendait ne pas connaître l'objet exact du reportage ayant motivé ses quatre jours d'absence, mis à part son côté explosif.

En off, les confrères de Muriel parlaient carrément de rebondissement de l'affaire Yann Pita.

Au fond, ça ne m'étonne pas.

Flashback

Vendredi 25 février 1994.

Yann Pita, ancienne députée Front National passée à l'UDF, regagne son domicile du Mont-des-Oiseaux à Hyères. Il est 20 heures. Deux tueurs à moto l'attendent dans un virage. Tirs nourris d'après le chauffeur de la Renault Clio de Pita. Deux balles atteignent la députée de la troisième circonscription du Var. Dont une, mortelle, en pleine artère pulmonaire.

Des flics du SRPJ de Toulon font aussitôt le lien avec l'assassinat en terre italienne, un an plus tôt, du truand varois Jean-Louis Targette, lié à Cosa Nostra, la Mafia sicilienne encore appelée la Pieuvre. On parle de trafic d'armes, de scandales financiers, de magouilles immobilières dont aurait eu vent Yann Pita... Les tueurs sont arrêtés en juin. De petits voyous. Mais il y aurait eu une seconde équipe, plus sérieuse, en couverture, selon le SRPJ, pour finir éventuellement le travail... Cette seconde équipe ne sera ni identifiée ni inquiétée.

*

« – La nièce de ton sénateur aurait obtenu des éléments intéressants sur cette seconde équipe... »

Je garde les yeux fermés sous mes draps, la voix de Christelle résonne encore dans mes oreilles.

« –... **Deux flics et deux militaires...** »

La capitaine de la DCPJ venait d'attaquer son magret de canard.

« – ... appartenant à **une loge maçonnique sauvage**... »

Les membres de cette seconde équipe, d'après Christelle, avaient à leur palmarès l'assassinat de Jean-Louis Targette, lié à Toto Riina, parrain de la Pieuvre. Ce qui sous-entendait, au minimum, un lâchage de Targette par Toto.

« – Et ça pose la question du poids de cette loge sauvage dans la balance transfrontalière... Pour peser sur le libre-arbitre de Toto Riina, faut disposer d'arguments particulièrement lourds !

Autre info percutante livrée par Christelle. Yann Pita avait dans le collimateur deux types qui trempaient dans l'extorsion de fonds et l'espionnage politique, les frères Saincépié, chargés de mission au Conseil régional PACA. Fernand Saincépié, l'aîné, 52 ans, passait beaucoup de temps à l'Évêché, l'hôtel de police de Marseille, il y disposait d'un bureau. Il se faisait appeler « monsieur le commissaire principal ».

Quand quelqu'un demandait à parler au commissaire principal Saincépié au téléphone, le standard passait immédiatement son bureau au demandeur. Léger problème, Fernand n'avait jamais passé le moindre concours d'entrée dans la police. Il n'avait ni carte ni numéro matricule policiers. Juste un bureau à l'hôtel de police de Marseille, cherchez l'erreur !

Son frère Christian Saincepié, 48 ans, était lui aussi détenteur d'une vraie-fausse carte de police et d'un gyrophare pour ses déplacements. Dans la garde-robe des deux frères figuraient des tuniques templières.

Mieux :

« –... Les Saincépié faisaient partie des Transparents... »

CHAPITRE 21

Je me suis contenté d'écarquiller les yeux quand Christelle m'a demandé si je savais ce qu'étaient les Transparents et de me racler la gorge pour dire :

« – Je t'écoute... »

« – J'ai fait une note blanche sur eux quand j'étais aux RG. Les mauvaises langues disent que les Transparents ne sont pas très regardants, car ils accueillent aussi bien les anciens du SDECE, de la DGSE ou du renseignement militaire que les anciens du SAC, les barbouzes tout terrain, encartés par certains "services" et payés "à la mission" pour exécuter des tâches particulièrement sensibles... »

Fernand Saincépié ne dédaignait pas se faire tirer le portrait en uniforme de parachutiste ou en tenue camouflée, porteur d'armes de guerre type US-M1 ou Kalachnikov, seul ou en compagnie de militaires montés sur des Jeeps sur lesquelles figuraient tantôt la croix templière, tantôt la croix de Malte.

*

Je déduis de l'épisode des capes et des jeeps qu'il existerait au sein des Transparents une passerelle avec une loge maçonnique sauvage d'inspiration templière implantée dans le Var...

Dans l'immédiat après-guerre, Brittel-Midi, alias « Leduc », avait fondé lui aussi une loge maçonnique sauvage à Lyon, d'inspiration templière, liée au *stay-behind* français cher aux Invisibles.

La loge du Var dépendait-elle de la loge lyonnaise ?

Je range la question dans un coin de ma tête. Avec d'autres « détails » intéressants. Brittel-Midi s'était « suicidé » en avril 1994, les frères Saincépié s'étaient « suicidés » en mai 1994. Soit la même année et à un tout petit mois d'intervalle.

Le suicide de Brittel-Midi en plein palais de l'Élysée est hors catégorie, certes. Mais le double suicide des Saincépié, asphyxiés par les gaz d'échappement de leur Peugeot 106, n'en reste pas moins un modèle du genre. On retrouve leurs cadavres, en état de putréfaction avancée, dans le garage d'une villa louée par leurs soins.

Les autopsies pratiquées sur les deux frères vont révéler qu'ils avaient absorbé un hypnotique, l'Imovane, et un sédatif, le Stylnox. Bizarrement, les emballages des produits utilisés ne seront pas retrouvés sur place. Contrairement aux instructions du juge, le corps de Christian Saincépié sera incinéré, alors qu'il présentait, selon l'un des pompiers dépêchés sur les lieux, des traces suspectes.

Impossible, pour cause d'incinération, de procéder à une nouvelle autopsie.

Hypothèse avancée par Christelle en attaquant ses pommes caramélisées sur sablé breton :

« – On les a neutralisés puis endormis en leur injectant par intraveineuse des doses massives d'Imovane et de Stylnox. Puis on les a "asphyxiés" en pompant leur sang pour y injecter de l'oxyde de carbone... La technique est archiconnue dans les milieux policiers et militaires, on utilise du chlorofluorométhane dialdéhyde, un produit qui a l'avantage de violacer un peu les chairs, couleur typique des décès par asphyxie, comme le fait l'oxyde de carbone, et de tromper ainsi les toubibs... Ce qui sous-entend l'utilisation d'un commando aguerri, capable de "neutraliser" deux types n'ayant pas froid aux yeux, à l'aise dans le maniement des armes de poing comme des armes lourdes et pratiquant le close-combat, avant de les endormir par injection intraveineuse. »

TÉMOIGNAGE
MOSRY
1.

CHAPITRE 22

M'sieur l'baron. Ou m'sieur Merlin.

Ainsi m'appellent mes ouvriers, en fonction de leur ancienneté.

Mon titre de noblesse, il vient de mon aïeul diplomate, ami de Merlin de Douai. Napoléon 1er aimait mon aïeul Arthur Mosry. D'où le titre de baron d'Empire conféré pour cause de missions diplomatiques secrètes et de création de manufactures verrières dans le nord de la France... Magicien des sables, tel était Arthur Mosry. Il avait accompagné Bonaparte en Égypte. Au retour, il avait créé une miroiterie à Douai et une autre à Aniche. Puis une autre à Cambrai. Et une autre encore à Valenciennes.

La miroiterie d'Aniche, je continue de la diriger. Après avoir revendu en 2001 mes verreries d'Abscon et de Lens.

Arthur Mosry était spirite. Bien avant les sœurs Fox et Allan Kardec, il conversait avec les esprits. Il n'avait pas renoncé à ses expériences spirites durant la campagne d'Égypte, bien au contraire. Il les avait amplifiées à l'ombre du Sphinx. Les esprits d'alchimistes atlantes ayant fui l'Atlantide avant que ce grand continent ne s'abîmât dans les flots avaient mis mon aïeul sur la voie de l'alchimie du verre, voie peu connue. De retour à Paris, Arthur Mosry n'avait eu de cesse de quitter le ministère des Affaires étrangères pour se lancer dans les affaires. D'où la création de la miroiterie de Douai en 1804.

Parallèlement à la fabrication de miroirs classiques, pour une riche clientèle, Arthur s'était mis à œuvrer au fourneau et à fabriquer des miroirs servant à la divination...

À sa mort, en 1861, son fils aîné, Philippe, prit le relais.

C'est le baron Philippe qui donna à la miroiterie d'Aniche son rayonnement jusqu'en Angleterre. Séjournant fréquemment à Londres, ayant appris que le fameux comte de Saint-Germain avait inspiré la création, dans le quartier de Mayfair, d'un cénacle alchimique pratiquant la *voie du verre*, Philippe n'eut de cesse de recueillir des informations sur le fonctionnement dudit cénacle — mis en sommeil en 1872 — et ses liens avec les milieux rosicruciens anglais. C'est ainsi qu'en 1895, le baron Philippe eut la surprise de découvrir qu'un vieil initié de Park Lane venait de participer à Bruxelles, au solstice de juin, à une réunion secrète au cours de laquelle des représentants de la *voie du verre*, venus pour l'essentiel de Paris et de Madrid, avaient décidé d'implanter des cénacles à Bourges, Carmaux et... Aniche.

L'homme choisi pour veiller sur le cénacle d'Aniche se nommait Alexandre C. Il était médecin des pauvres.

Anarchiste, le docteur C. s'était adjoint les services d'un syndicaliste verrier, Roger S., d'un porion de la compagnie des mines d'Anzin, Léon P. et d'un jeune bourgeois douaisien qui fréquentait, comme les trois autres, le cabaret du Chat Noir à Paris, François Jollivet Castelot.

Fils de diplomate, Castelot, disposait d'une fortune personnelle plus que confortable et d'un joli brin de plume, aussi fréquentait-il les milieux littéraires parisiens avec une assiduité comparable à celle qu'il mettait à fréquenter les milieux occultistes. Il était au mieux avec le mage Papus et le Sâr Péladan qui ne juraient que par la Rose-Croix.

C., S., P. et Jollivet Castelot ne tardèrent pas à coopter le baron Philippe Mosry et firent de lui le scribe du cénacle d'Aniche dont les réunions se tenaient rue de la gare, au domicile du docteur C.

Le baron Philippe décéda un an après Léon P., en 1942. Mon père, le baron Théophile, n'éprouvait aucun attrait pour l'alchimie, il préférait faire des affaires avec les Allemands, ce qui lui valut quelques ennuis à la Libération. Fort heureusement, ma mère appartenait à une vieille famille de magistrats.

Le baron Théophile sortit blanchi de son passage devant la commission d'épuration. Pour fêter ça, il racheta une fonderie à Asnières, une autre à Suresnes et il doubla leurs chiffres d'affaires en deux ans.

CHAPITRE 23

J'entrai en contact avec *l'Ailleurs*, avec *l'Autre monde* en mai 1973.

Jeune ingénieur, tout frais sorti de l'école nationale supérieure des mines de Paris, je dirigeais le bureau d'études d'un de mes oncles, à Suresnes. J'occupais un petit appartement, boulevard Saint-Michel. Un soir de mai, alors que je fumais une cigarette, debout devant la fenêtre ouverte, je perçus un curieux sifflement au niveau de l'oreille gauche. Ma tête se mit à tourner. Je reculai jusqu'au sofa et me laissai choir au milieu des coussins.

Sans quitter mon sofa, je me retrouvai au milieu du boulevard Saint-Michel. En plein hiver. Il neigeait et un mélange de neige et de boue giclait sur les badauds au passage des carrosses.

Cela dura une dizaine de secondes qui me parurent une éternité.

Je ne parvins pas à trouver le sommeil cette nuit-là. Que signifiait ce que je venais de vivre ? Un basculement dans le temps ? Une hallucination ? C'était vraiment l'hiver dehors. J'avais ressenti dans ma chair la morsure du froid. Mon nez gardait encore l'odeur de fosse d'aisance qui m'avait assailli lorsque le paquet de neige et de boue s'était écrasé sur mon manteau doublé de fourrure. Mes tympans continuaient de restituer les grincements des essieux, les crissements des roues ferrées sur les pavés enneigés du boulevard.

C'était donc moins une hallucination qu'un basculement dans le temps, ce qui m'était arrivé. Un truc totalement irrationnel. Le genre de truc cent fois revisité par les auteurs de SF populaire. Et pourtant... Je n'étais pas plongé dans un roman de gare. J'étais en train de fumer une cigarette en regardant depuis ma fenêtre la circulation sur le boul'mich'.

*

Je fis l'objet d'un nouveau basculement dans le temps deux semaines plus tard. Dans le jardin des Tuileries... J'étais en compagnie d'une dame qui jouait de l'éventail.

Je portais un costume de cour, j'étais chapeauté, j'avais la main gauche posée sur la garde d'une épée.

Rebelote la semaine suivante. Dans la cour du Louvre. Je portais un buffletin à manches longues. J'étais officier de cavalerie.

Et puis plus rien.

CHAPITRE 24

Je renouai avec les basculements dans le temps durant le deuxième semestre 1974. Je fus favorisé de longs « flashes » de plus en plus rapprochés.

J'étais le secrétaire d'un visiteur du soir du cardinal de Richelieu. J'arpentais les couloirs du Louvre. Le cardinal était intrigué par les affiches placardées dans Paris faisant état de la présence parmi nous de Députés du Collège Principal des Frères de la Rose-Croix...

J'avais été chargé par ce visiteur du soir d'enquêter sur les Frères R+C. Hélas, mon enquête allait s'avérer fatale. Je fus assassiné dans une ruelle du Vieux-Paris de deux coups de couteau dans la gorge.

*

J'allais revivre, si j'ose dire, mon agonie à une douzaine de reprises de septembre à octobre 1974. De manière chaotique. Tout en faisant le plein d'images, d'odeurs, de sons. Chevauchées à travers le bocage normand. Champs de bataille, salves de mousqueterie. Danses. Clavecin, gentilhommière. Mariage champêtre, garçonnet montant un cheval-bâton. Retour à Paris. Pont-Neuf, couloirs du Louvre. Cabarets, tavernes.

Un mois avant ma mort, les Frères de la Rose-Croix s'étaient manifestés de manière incidente.

Un matin où je me rasais à la lueur d'une bougie. Un visage creusé de rides fit son apparition dans mon miroir. J'eus l'intuition qu'il s'agissait d'un des membres fondateurs de la Confrérie ou Fameuse Fraternité R+C.

D'autres visages m'apparurent par le même canal dans les jours qui suivirent. Puis des cryptes, des chapelles souterraines, des demeures sises en pleine ville ou dans des campagnes isolées.

Les Frères Rose-Croix pratiquaient la médecine. Je les voyais dans mon miroir pratiquer des dissections, fabriquer des potions, guérir des malades par imposition des mains.

Ils pratiquaient aussi l'alchimie à en juger par les petits soleils d'or qui rayonnaient dans leurs creusets, les petits nuages mercuriels qui survolaient leurs athanors, les liquides verts et violets qui bouillonnaient dans leurs cornues.

Je reconnus des rues, des ruelles que j'avais arpentées durant mon enquête sur la Fameuse Fraternité. A Lyon, à Marseille.

CHAPITRE 25

Je m'étais aussi incarné à la Belle Époque.

Début décembre 1974, je fis toute une série de basculements qui me permirent d'avoir une idée assez précise du personnage que j'avais été en pleine affaire Dreyfus. Je fréquentais Jean Jaurès et Anatole France, j'assistais aux conférences de rédaction de *L'Humanité*. Je faisais partie de la goguette du Chat Noir. J'habitais sur la butte Montmartre. Membre du barreau de Paris, je me piquais surtout de littérature. Je faisais le nègre pour des romanciers de seconde zone et commettais des billets d'humeur pour *L'Attaque* et *Le Cri du peuple*.

Les Rose-Croix me fascinaient.

Sur les conseils du mage Papus et du Sâr Péladan, je tentais d'entrer en contact avec eux par le canal de la magie théurgique.

Matériel recommandé par Péladan : bougies, **miroir**, charbon et grains d'encens.

*

En juin 1975, « syndrome Péladan » oblige, je décidai de franchir le pas.

L'Antichambre de la Rose-Croix installée à Paris diffusait une brochure intitulée « L'appel intérieur » dans laquelle elle prétendait être le continuateur de la Rose-Croix du passé et faisait état d'initiations dispensées devant un **miroir**.

Je sollicitai mon admission au sein de l'ARC (laquelle fut acceptée par retour du courrier) et fus invité à rejoindre le pronaos *La Sagesse* de Douai, organisme subordonné.

Je devins le *frater* Merlin Mosry.

Le pronaos *La Sagesse* était doté d'un temple d'inspiration égyptienne. L'entrée dans ce temple se faisait au son de l'Adagio d'Albinoni et les rituels qui y étaient mis en œuvre faisaient la part belle à la méditation.

*

En janvier 1976, j'entendis parler pour la première fois de l'ex-*frater* Jean-Marie Arpent et de l'ex-*frater* Roger Favon...

En termes peu amènes.

CHAPITRE 26

Jean-Marie Arpent habitait rue des anges à Cambrai, la cité chère à Fénelon et au chevalier de Ramsay.

Professeur de français et d'histoire-géo dans un lycée professionnel, passionné d'architecture médiévale et d'alchimie, JMA avait quitté l'Antichambre de la Rose-Croix et le pronaos *la Sagesse* pour l'Ordre du Temple Renouvelé.

Or il existait un grave contentieux entre l'OTR et l'ARC.

Tout avait pourtant bien commencé. C'était l'ARC ou plus exactement son Grand-Maître, Reynald Brilland, qui avait fondé l'OTR à la demande d'un mystérieux « Veilleur Blanc » rencontré à Rome. Mais la confusion et la zizanie ayant fini par s'installer entre les deux organisations, celles-ci s'étaient séparées.

RB, en 1972, avait officiellement rompu les ponts avec l'OTR, il avait passé le relais à un ancien membre de l'ARC, accessoirement ancien agent de la Gestapo française, un certain Julien Franken.

*

En mars 1976, j'écrivis à Jean-Marie Arpent pour lui faire part de mon désir de le rencontrer.

JMA m'invita à venir chez lui, rue des anges.

Je fus reçu sans chichi un mardi après-midi, j'eus droit à un café serré accompagné de gâteaux secs.

L'homme était chaleureux. Sa simplicité n'avait d'égale que son érudition.

Je revins la semaine suivante. Un mardi matin. Et je récidivai la semaine d'après.

JMA m'invita à partager son déjeuner dans une petite brasserie proche du marché couvert. Steak frites arrosé d'eau plate, crème brûlée, espresso. Longue promenade ensuite le long du canal. Conversation centrée sur le Veilleur Blanc.

— Il dirige une Loge supérieure d'inspiration contre-initiatique, me confia JMA. C'est un personnage redoutable... Mieux vaut ne pas tomber entre ses griffes.

Je suivis JMA au Cercle du Temple et du Saint-Graal qu'il venait de créer, après son départ de l'OTR où il occupait le poste de Grand-Prieur, juste derrière le Grand-Maître.

Ma proximité avec le fondateur du CTSG allait me permettre — des semaines, des mois, des années durant — de recueillir des confidences de nature à me faire mieux cerner les agissements du Veilleur Blanc et de sa Loge noire supérieure.

CHAPITRE 27

Si le Veilleur Blanc avait choisi le mois de juin 1969 pour convoquer Reynald Brilland à Rome et lui confier les rênes de la « résurgence » OTR, placée sous surveillance « écossaise », ce ne pouvait être le fruit du hasard.

Les hauts responsables des services spéciaux italiens, à l'instar de leurs homologues américains et de leurs homologues français, en 1969, appartenaient pour la plupart à la franc-maçonnerie écossaise (dont le 18e degré est celui de Chevalier Rose-Croix). Et, selon un spécialiste de l'Église romaine et de la franc-maçonnerie nommé Carlo-Alberto Agnoli, quatre loges écossaises étaient alors en activité derrière les hauts murs du Vatican, toutes quatre animées et fréquentées par d'éminents prélats.

*

Jean-Marie Arpent allait me fournir, en juin 1978, une liste de prélats romains supposés appartenir à l'une des quatre loges écossaises du Vatican.

Cette liste comportait des noms appelés à figurer, en septembre de la même année, sur une autre liste, publiée par Mino Picorelli, journaliste à l'*Osservatore Politico*.

Je relevai, en recoupant les listes Arpent et Picorelli, la présence d'un cardinal secrétaire d'État, un cardinal préfet de la Maison pontificale, un cardinal préfet de la Congrégation pour la cause des saints, un cardinal chambellan du pape, un cardinal préfet du Tribunal suprême de la signature apostolique, mais surtout la présence d'un cardinal **nonce apostolique** puis official à la Curie.

À la cent onzième position, figurait, sur la liste Picorelli, un prélat français, Mgr Jean Pillot (ancien professeur de morale à la faculté de théologie de Lyon, ancien coadjuteur à Lyon), nommé archevêque de Lyon le 17 janvier 1965. Devenu cardinal secrétaire d'État du Saint-Siège en 1969. Et, à la cent vingt-deuxième position, figurait un autre prélat français, évêque de Lille de 1928 à sa mort, Mgr Achille Liebart (décédé en novembre 1968, huit mois avant la « prestation » du Veilleur Blanc).

*

Je ne fus pas particulièrement étonné d'apprendre — en mars 1979 — l'assassinat du journaliste Mino Pecorelli, six mois après la publication de sa fameuse liste.

CHAPITRE 28

L'assassinat de Pecorelli m'incita à me replonger dans *Les Grands Initiés et moi*.

Une phrase, d'apparence anodine, page 69, m'alertait à propos du Veilleur Blanc.

« … Je ne manque jamais, écrivait Reynald Brilland, à chacun de mes passages à Rome, de traverser les jardins Borghese... »

C'était moins, selon moi, une digression bucolique qu'une incitation à chercher à comprendre ce que dissimule le franchissement du seuil rosicrucien, lesté d'implications politiques pour peu que l'on prenne en compte certaines préoccupations des R+C : **conseiller les princes**, s'occuper de leur éducation, leur **servir de banquiers** si l'on en croit la *Fama Fraternitatis*, manifeste publié en 1614, mais resté la « Bible » des rosicruciens modernes. Sachant que les exégètes s'accordent à dire que la Rose-Croix est le prototype même de l'***Initiation au jardin***, laquelle se distingue de l'*Initiation dans la Cité* dont la franc-maçonnerie (présente dans la cité du Vatican) demeure l'expression la plus visible et la plus envahissante.

En juin 1969, à Rome, les jardins menant au Veilleur Blanc sont placés sous protection **Borghèse**, laisse entendre Reynald Brilland.

Intéressant. RB voudrait inviter ses lecteurs capables de lire entre les lignes à s'intéresser à un prince habitué à nager en eaux troubles, familier des coulisses de la politique italienne, conseiller officieux de l'ambassade américaine, servant volontiers de banquier à des opérations clandestines, un prince portant un nom résumant à lui seul des pans entiers de l'histoire du Vatican, qu'il ne s'y prendrait pas autrement...

Borghese.

Nom patronymique évident pour quiconque s'intéresse à l'initiation rosicrucienne, à la géopolitique, aux coulisses européennes de la franc-maçonnerie écossaise (et son 18e degré Chevalier Rose-Croix), à l'action directe dont se revendique la G... et aux errements de la communauté occidentale du renseignement, alors que le Français Jean-Marie Pillot exerce depuis deux ans des responsabilités romaines et vient de prendre la tête de la secrétairerie d'État.

Le nom d'une vieille famille romaine, originaire de Toscane, qui compta un pape, Camillo Borghese (Paul V, 1605-1621), trois cardinaux, et fut de tous les complots romains.

*

Hasard du calendrier politique italien ?

Confirmation de la solidité des sources dont dispose Reynald Brilland, Grand-Maître de l'Antichambre de la Rose-Croix relevant de l'initiation au jardin ?

En juin 1969 — bon sang ne saurait mentir — , l'illustre rejeton de la vieille famille Borghese, Junio Valerio, onzième prince de Sulmona, patricien de Naples, de Venise et de Gênes, surnommé « le prince noir », complotait. Je n'eus aucune difficulté à retracer son parcours avant et après le complot, de nombreux journalistes et écrivains l'ayant fait à ma place. Une dizaine de blogs et de sites internet me permirent d'avoir une idée assez précise du dossier sur lequel la prose de Reynald Brilland me commandait de me pencher.

Ancien commandant de la Decima MAS (composée de nageurs de combat) sous Mussolini, fasciste convaincu, le prince noir avait traqué les partisans communistes, lesquels réussirent, juste retour des choses, à le capturer à la fin de la guerre. Échappant à la pendaison sur intervention du proconsul américain, il se vit condamné à la prison à perpétuité, ce qui ne l'empêcha pas d'être libéré en 1949. Deux ans après être sorti de prison, il fit son entrée au Mouvement Social Italien (MSI) dont il assuma la présidence jusqu'en 1953, l'année où il préfaça *Les Hommes au milieu des ruines* de Julius Evola.

Au mieux avec le chef de l'antenne de la CIA à Rome et le chef d'état-major de l'armée de la péninsule, responsable des complots de l'été 1964 et du plan *Solo* qui prévoyait la prise de contrôle de Milan, Turin, Gênes, Bologne, Naples, Baari, Palerme, ainsi que l'incarcération des dirigeants de la gauche italienne, Junio Valerio Borghese, après l'avoir longuement préparé, déclencha à son tour — la nuit du 7 au 8 décembre 1970 — un coup d'État.

Tora-Tora.

CHAPITRE 29

Flashback

Cosa Nostra participe à l'opération *Tora-Tora*.

James Jesus Angleton, homme clé de la CIA, proche de la secrétairerie d'État, est dans le coup lui aussi.

À 22 h 30, ce 7 décembre 1970, des camions bourrés de soldats armés jusqu'aux dents, mitrailleuses au pied et fusils d'assaut Fal en bandoulière, convergent vers les locaux de la RAI, la radiotélévision italienne.

À 23 h 15, Junio Valerio Borghese lance la seconde phase de son plan. Silencieusement, les conjurés investissent les bâtiments du ministère de l'Intérieur. Un groupe commandé par le chef du mouvement fasciste *Avangardia Nazionale*, se dirige vers l'armurerie.

Un autre groupe, dirigé par un député du MSI, prend position dans les installations radiotéléphoniques.

Pour les conjurés, le plus gros est fait. Le prince noir leur a assuré l'appui de l'aviation, ainsi que celle de l'infanterie et des carabiniers.

À 1 heure du matin, ce 8 décembre 1970, patatras. Le téléphone sonne dans le quartier général du prince Borghese. Contrordre. Tout le monde doit rentrer à la maison. Les hommes d'*Avanguardia*

Nazionale et les mafiosi recrutés pour arrêter les ministres et les hommes politiques ennemis du MSI disparaissent dans la nuit.

Que s'est-il passé ?

Le président Richard Nixon, diront d'aucuns, s'est ravisé au tout dernier moment. Il a mis un terme au coup d'État qu'il avait cru devoir commanditer.

Fait du prince, quoi.

*

Réfugié en Espagne, le prince Junio Valerio Borghese meurt à Cadix le 27 août 1974.

Mais on va continuer de parler de lui après sa mort.

En novembre 1980, une perquisition au domicile d'un ponte des services spéciaux italiens (département D), membre de la Loge P2, permet la saisie de documents montrant la conjonction ayant existé entre feu le prince noir Borghese, une aile clandestine du *Servizio informazioni difesa* (SID), le service de renseignements des forces armées italiennes, et le service de la guerre psychologique auprès du commandement allié FTASE de l'OTAN. Ce même service de la guerre psychologique dont certains membres ont théorisé, de 1965 à 1974, la stratégie de la tension en Italie afin de créer chez l'homme de la rue un besoin d'ordre. Lequel supposé besoin d'ordre conduira à l'attentat de la gare de Bologne du 2 août 1980 avec pour bilan 85 morts, 200 blessés et... l'acquittement des présumés coupables.

CHAPITRE 30

Tenter de comprendre le rôle joué par le Veilleur Blanc à Rome, en pleine stratégie de la tension chère à la G..., ne me dispensait aucunement, en bon rosicrucien, de passer de longues soirées devant mon miroir.

J'avais adhéré à l'Antichambre de la Rose-Croix parce que cet ordre se voulait héritier de la R+C du passé et accordait dans ses travaux une place importante au miroir. Dès ma première initiation, j'avais reçu un « signe » intéressant. Une rose d'or posée sur un petit monticule de sable. Trois soirs de suite, la rose et le monticule réapparurent. Avant de faire place à une vaste étendue désertique. Des traces de pas se matérialisèrent à la surface du miroir, je les suivis en esprit jusqu'à un piton rocheux. En plein désert toujours. Il faisait une chaleur étouffante. Un Sage m'attendait, à l'ombre du piton. Le Maître, le Supérieur Inconnu que chaque cherchant espère rencontrer sur le sentier semé d'embûches qui mène à l'Illumination.

Il s'agissait d'un frère aîné de la Rose-Croix. Un ermite qui avait choisi de se retirer dans le désert de Gobi après avoir accédé à l'immortalité, à l'issue de la guerre de Trente Ans, et d'enseigner ses disciples via l'astral.

Un soir, il me mit en garde.

– Ne les sous-estime pas. Ils savent l'intérêt que tu portes aux agissements du Veilleur Blanc...

Le Maître avait reçu le « Don de Dieu », il vivait dans l'éternel présent.

— Ils te rangent parmi leurs ennemis désormais. Ils vont chercher à t'attaquer pendant ton sommeil... Aussi vais-je te dicter un rituel protecteur. Fais-le chaque soir avant de te mettre au lit.

Il s'agissait d'un rituel très simple, mais très efficace qui ne nécessitait pas l'usage du miroir.

Je pus mesurer les effets de ce rituel protecteur dès le premier soir.

Alors que je m'apprêtais à basculer dans le sommeil, j'eus l'impression d'étouffer comme si on me comprimait le larynx. J'ouvris les yeux. Je vis une forme noire penchée sur moi.

— Une larve, m'expliqua mon Maître. Sans le rituel, elle t'aurait vampirisé... Les larves cherchent à entraîner les cherchants dans l'abîme, elles agissent sur leurs points faibles et les poussent aux pires extrémités.

— C'est le Veilleur Blanc qui me l'a envoyée ?

— Oui, d'une certaine façon. Quand tu penses à lui, tu alertes l'égrégore maléfique qui le protège et l'égrégore réagit. Il t'envoie des larves durant ton sommeil et en période de veille, si la situation se complique, il t'envoie des agents de la contre-initiation.

— Des agents... ?

— ... de la contre-initiation. Répandus sur l'ensemble de la planète, ils mènent des actions démoniaques pour maintenir l'humanité sur la voie de la haine et du chaos. La violence, la cupidité, la guerre sont leur signature. Ils sévissent ici-bas depuis la chute adamique. Ils appartiennent à des Loges noires... Une kyrielle de loges intermédiaires et subalternes. Toutes rattachées, d'une manière ou d'une autre, aux loges supérieures... Il existe 7 Loges supérieures dans chacun des pays du globe. On les appelle communément « les 7 Loges ». Chacune d'elles est placée sous la protection d'une « Puissance ». Elles sont le Mal incarné.

*

Ils enrageaient, je le savais grâce au miroir.

Je les « sentais » derrière mes fumigations d'encens et d'aloès au début, je les devinais derrière la flamme tremblotante de mes bougies.
Puis je les vis.
Murés dans leurs caves drapées de noir.
Penchés sur leurs bougies de cire noire.

TÉMOIGNAGE
FAREL
2.

CHAPITRE 32

J'offre une petite sortie nocturne à la capitaine de police Christelle Mazin, à bord de ma BMW.

Rendez-vous porte de la Muette. Périphérique. Direction Triel-sur-Seine, dans les Yvelines, entre Les Mureaux et Poissy. Cinquante minutes de route, pas une de plus.

Il fait nuit noire quand on arrive à l'endroit où Muriel Ledoux, la nièce du sénateur Durand-Paqué, journaliste à *Scoop*, qui rentrait de Toulon, est censée s'être jetée dans la Seine, juste en face de l'île d'Hernière, le mercredi 9 juin dernier, aux environs de 23 heures.

On est en rase campagne.

L'endroit idéal pour fixer rendez-vous à quelqu'un dont on a envie de se débarrasser en faisant croire à son suicide par noyade.

La Renault Clio de la nièce du sénateur a été retrouvée là où je viens de garer ma Béhème. Sa clé de contact était posée sur le siège avec son sac à main et son téléphone portable.

Pas un mot pour expliquer son geste.

Je reste un long moment immobile, les mains dans les poches, les yeux rivés sur l'île d'Hernière.

J'essaye d'imaginer la scène. Le type qui a donné rendez-vous à celle qui signe ses articles Muriel Ledoux et se nomme pour l'état-civil Muriel Durand-Paqué lui demande une dernière fois d'oublier ce qu'elle a appris à Toulon, de ne pas publier d'article sur lui. Il va peut-être même jusqu'à augmenter la somme d'argent proposée en début de rencontre en échange de la remise de ses archives. Mais la nièce du sénateur refuse une fois encore. Alors il l'assomme, il la traîne sur le pont, il la jette dans la Seine.

*

Christelle s'approche de moi sans bruit après être restée à l'écart, silencieuse.

– J'ai envoyé un texto à Patricia Jouvenfroi, elle est OK pour qu'on aille chez elle...

Je garde le silence.

– ... Elle vit sur une péniche. À Conflans-Sainte-Honorine.

*

L'intrigante. Le nom de sa péniche lui va bien. Patricia Jouvenfroi traîne une sale réputation. D'après Christelle, elle est imbuvable, elle se met ses consœurs à dos partout où elle passe.

– Vous ne voulez vraiment pas partager mon omelette aux truffes ?

– T'accompagner au Bordeaux nous suffira...

– Allez, m'emmerdez pas, je rajoute six œufs et c'est bon !

– Quatre, rigole Christelle en me faisant un clin d'œil.

– Quatre, d'accord.

Drôlement sympa, l'imbuvable. Excellente cuisinière avec ça. Et marrante. Ses derniers potins en provenance du Sénat mériteraient d'alimenter les Guignols de l'info.

– Bon, et les choses sérieuses, on les aborde quand ?

– Avant les desserts ? ricane Christelle.

– Je suis partant pour maintenant, dis-je.

– Parfait, alors à toi l'honneur, sourit Patricia.

Je commence par le commencement. L'OTS. Les victimes de Suisse romande et du Vercors. Le Veilleur Blanc. Mes premières investigations, mes conclusions rejetées par Durand-Paqué.

– Du beau boulot, résume Patricia. J'ignore ce que Muriel avait trouvé sur le Veilleur Blanc mais je comprends mieux pourquoi elle s'était rendue en Italie le mois dernier... Tout comme j'ai ma petite idée sur les raisons de son séjour dans le Var.

CHAPITRE 33

– Au départ, nous explique Patricia, Muriel Ledoux souhaitait écrire un bouquin sur un bar parisien, le bar des *Trois Canards*. Mais elle avait reçu des menaces...

Je connais l'histoire des *Trois Canards*, bar mythique de Pigalle. Le sénateur Durand-Paqué, en 1996, s'était penché sur certains circuits de financement de la droite républicaine. Trois maires d'Île-de-France faisaient leurs choux gras de la spéculation immobilière, ils avaient fréquenté *Les Trois Canards* en début de carrière et trempé dans les combines du parrain marseillais Gaétan Zampa, successeur du fameux commissaire Blémant [1], ancien patron de l'antenne marseillaise de la DST.

– *Les Trois Canards*, dis-je, c'est la préhistoire du grand banditisme hexagonal, avec Gaétan Zampa, Robert Blémant, mais aussi Loulou Pommier, roi de la spéculation immobilière et du pognon réinvesti dans les bordels d'Abidjan, les éros-centers allemands et les bars montants belges. C'est connu, archiconnu de tous les spécialistes du milieu parisien ! Je ne vois pas en quoi un bouquin là-dessus pouvait justifier des menaces envers Muriel.

– Détrompe-toi...

———

[1] Au sujet du commissaire Blémant et de ses réseaux, lire *Fulcanelli confidentiel*, du même auteur, paru chez le même éditeur.

Elle soupire.

– ... C'est Loulou Pommier qui a pris Jean-Louis Targette sous son aile et lui a permis de bâtir son empire de racketteur et de spéculateur immobilier. Et quand Targette, en 1982, s'est enfui en Italie, ce n'était pas pour se tourner les pouces. À Rome, puis à Vallecrosia, près de la frontière franco-italienne, Targette continuait de gérer ses affaires, notamment le placement de machines à sous et le trafic de fausse monnaie. Et quand Targette a été assassiné sur le sol italien, en mars 1993, de cinq balles, dont deux dans la nuque, par un tueur embusqué, quel nom a circulé en premier chez les affranchis, hein, d'après toi ?...

Je ne bronche pas.

– ... Yann Pita. C'est la député Yann Pita qui aurait commandité l'assassinat de Targette !... Muriel s'était peut-être approchée trop près du soleil en reprenant la piste Pita et elle a payé cash son imprudence.

CHAPITRE 34

Le dimanche 4 juillet, de grand matin, alors que je sors de la douche, je reçois un appel de la capitaine de police Christelle Mazin.

– Tu es assis ?

– Non, debout. Et tout mouillé.

– Sèche-toi vite, je passe te prendre...

– Patricia Jouvenfroi a disparu, sa péniche a été coulée cette nuit.

– Les plongeurs de la Brigade fluviale n'ont pas encore retrouvé le corps de la journaliste.

*

On file à Conflans-Sainte-Honorine.

D'après les témoignages recueillis par les collègues de Christelle, une forte explosion s'est produite vers 2 heures du matin, juste après le départ de deux motards. Et la coque de la péniche coulée présente une énorme brèche, d'après les hommes-grenouilles qui ont pu examiner l'épave.

On ne reste pas longtemps à Conflans.

On passe un petit quart d'heure sur la berge qui grouille de flics et de curieux puis on fait le point dans un bistrot de Maurecourt, à une pichenette de Conflans, après avoir passé commande de deux chocolats chauds et quatre croissants.

– Hypothèse numéro 1, dit Christelle en entamant son deuxième croissant, le courant a pu entraîner le corps de Patricia à quelques kilomètres de la zone d'impact, si jamais Patricia a péri dans l'explosion.

– Hypothèse numéro 2 ?

– Patricia n'est pas morte dans l'explosion, elle n'a pas coulé avec sa péniche. Elle s'est barrée avant...

– Et elle est où d'après toi ?

Moue dégoûtée de Christelle.

– Ça, je n'en sais fichtre rien.

<h1 style="text-align:center">CHAPITRE 35</h1>

Le mardi 6 juillet, toujours aucune nouvelle de Patricia Jouvenfroi.

Le sénateur Durand-Paqué s'étant accordé une petite semaine de vacances au Lavandou avec son épouse et son escorte policière, j'en profite pour « oublier » qu'il ne souhaite pas que j'aille interroger sa belle-sœur.

Direction Louveciennes.

Inès de Bohange, veuve Durand-Paqué, belle-sœur du sénateur, partage son temps entre l'Île-de-France et New York où elle a racheté une maison de haute couture. Cette superbe quinquagénaire a été l'une des reines de la nuit parisienne, propriétaire de théâtres et de cabarets, avant de devenir une épouse modèle et une mère exemplaire si j'en crois d'anciennes couvertures de *Elle* et de *Paris Match*.

Je débarque en milieu de matinée dans sa villa ceinte de hauts murs et dotée d'un parc où se prélassent des biches vaguement protégées par des labradors qui s'ébattent dans des bassins. Ma visite n'a rien d'impromptu. J'ai pris soin de téléphoner à la mère de Muriel, hier soir.

Ledoux était son nom de plume...

Je préfère l'option parc et petite promenade à l'option salon et rafraîchissements. Les labradors continuent de me faire la fête comme si nous étions de vieux amis.

– Muriel ne voulait rien devoir à ses parents, pas question pour elle de signer ses articles Durand-Paqué et encore moins de Bohange. Mon mari et moi trouvions ça plutôt sain, voyez-vous...

Chênes et ormes nous protègent du soleil qui tape dur au-dessus de nos têtes.

– Vous ne croyez pas au suicide ?

– Bien sûr que non !...

Sa voix s'étrangle.

– ... Pas plus que je n'ai cru à la mort accidentelle de mon mari, il y a deux ans.

*

Le soir, j'effectue un petit passage à *l'Ange 20*, ma cantine de la rue des Tournelles. En compagnie de la capitaine de police Christelle Mazin qui vient de se faire larguer par son petit ami, un commandant de la PJ de Versailles.

– Je te préviens, ce soir je picole... J'ai des circonstances atténuantes.

– J'en suis conscient, Votre Honneur.

Double whisky pour commencer. Saumur rouge — vite liquidé — pour accompagner le gratin champignons œufs mollets. On entre dans le vif du sujet avec le Châteauneuf du Pape rouge pour l'agneau de 7 heures.

Donc...

– Elle pense que l'accident de son mari a été provoqué. D'après des bruits de couloir de la PJ de Toulon, la barre de direction de sa Mercedes aurait été sciée, ce qui explique sa sortie de route pour aller se fracasser contre un muret.

– L'accident a eu lieu où ?

– Au sud de Toulon... Peu avant Bargème.

Elle hoche la tête.

– Il faisait quoi là-bas, le petit frère de ton sénateur ?

– Il négociait le rachat d'une grosse société de travaux publics du Var par un consortium italien.

– Il était avocat d'affaires ?

– Oui. Un avocat coté. Il conseillait aussi des ONG.

– J'imagine que la Mercedes accidentée n'a pas été soumise à expertise ?

– Bien imaginé. Elle a été remisée par erreur dans une casse, broyée et fondue dans l'heure... Circulez y a rien à voir, quoi. Un classique.

CHAPITRE 36

On rentre chez moi vers minuit prendre le dernier verre.

Christelle est complètement paf.

– Si je nous faisais un petit thé des familles ou une bonne camomille, hein ?

– Tu tournerais le dos à mon escalier intime en faisant ça, tu dégringolerais même carrément de trois marches...

– Vraiment ?

– Ce qui fait que tu arriverais à peine à mes chevilles. Et il te faudrait au moins deux whiskys ou trois vodkas pour retrouver une position enviable...

– C'est-à-dire ?

Elle quitte le fauteuil où elle s'était affalée. Elle se met à chantonner et à onduler des hanches tout en ôtant avec une lenteur très calculée son ceinturon.

– Tu commences à piger ou je te fais un dessin ?

– Je crois qu'on devrait en rester là.

Elle laisse tomber son ceinturon sur le tapis.

– Pas de problème, on peut rester là... Tapis ou sofa, moi ça me convient. Je suis très fleur bleue, tu sais. Et ne crois pas que c'est parce que j'ai un coup dans le nez que je souhaite que notre relation monte en gamme, non non, tu aurais tort de penser ça... Je t'ai à la bonne, c'est d'ailleurs un peu pour ça que mon copain en a eu marre. Je lui parlais trop souvent de toi. (Elle rit.) Bon je fais quoi avec mon jean maintenant ?

Je fais mine de me gratter le front.

– Tu me mets dans une situation délicate. Mon tempérament me pousse à prendre une position claire et nette. Mais mon éducation m'invite sinon à tergiverser du moins à ne pas te donner l'impression de vouloir tirer sur la corde qui, dans ton esprit, semble reliée à ton ceinturon...

Elle pousse un long soupir.

– Décide-toi... Si tu penses que ça peut le faire, c'est maintenant.

*

Je le pense.
Et ça le fait.

CHAPITRE 37

Dès son retour du Lavandou, je suis reçu à ma demande par le sénateur Durand-Paqué.

– J'ai eu ma belle-sœur au téléphone, René.

– Ah !...

Il sourit.

– Vous n'avez tenu aucun compte de mes consignes.

– La disparition de Patricia Jouvenfroi m'a obligé à modifier quelque peu mon *modus operandi*, monsieur le sénateur.

– Je veux bien l'admettre.

– Merci.

– Posez-moi vos questions. J'essayerai d'y répondre dans la mesure du possible.

Je me racle la gorge.

– Qui vous a tiré dessus il y a deux ans ?

Il plisse le front.

– Joker.

Je ne me démonte pas.

– Qui vous a tiré dessus cette année ?

– Joker.

*

Petit footing au bois de Boulogne avec Christelle. Douche avec Chistelle. Petite balade en bordure de Seine, main dans la main, avec Christelle.

– Tu commences ?

Je commence. Par le bottage en touche du sénateur Durand-Paqué. Double joker d'entrée de jeu. Aucune réponse.

– Tu as insisté, j'imagine.

– J'ai insisté. Mais il n'a rien voulu lâcher, contrairement à sa belle-sœur, Inès de Bohange... Elle, elle m'a donné du grain à moudre. Elle est persuadée qu'il existe un lien entre le faux accident de son mari et le faux suicide de sa fille.

– Muriel Ledoux enquêtait sur la mort de son père ?

– Oui.

– Du côté de Toulon et de Bargème ?

– C'est ce que m'a dit Inès de Bohange.

Christelle se mordille les lèvres.

– Bref, tu es en train de me dire que la version livrée par Murielle Ledoux à Patricia Jouvenfroi et ses petits camarades de *Scoop*, c'était du bidon. Ce n'était pas l'assassinat de Yann Pita qui l'intéressait, mais celui de son père, maquillé en accident. Ça change tout...

Je couvre sa main gauche de petits baisers sonores

– Ou alors ça ne change pas grand-chose.

Elle étouffe un gloussement, récupère sa main.

– Comment ça pas grand-chose ?...

Je bombe le torse.

– Toulon, Hyères, Bargème... C'est dans un mouchoir de poche. Et un mouchoir, ça peut se tremper dans le sang d'une députée comme dans celui d'un avocat d'affaires.

À son tour de me couvrir la main de petits baisers sonores.

– T'es trop fort !

– N'est-ce pas ?

Elle fait la moue.

– Si je suis ton raisonnement, huit ans après l'assassinat de Yann Pita près de Toulon, le petit frère de ton sénateur se fait scier la barre de direction de sa Mercedes et meurt entre Toulon et Bargème. L'année où, comme par hasard, ton sénateur se fait tirer dessus alors qu'il circule en bagnole... Reste à savoir si ton sénateur s'est fait tirer dessus avant ou après la mort de son petit frère.

– Gare au joker.

– On s'en fout de l'usage du joker. Suffit d'attendre le retour de ton témoin, Charles Brebier, en vacances chez sa fille. Il finira bien par rentrer de Los Angeles... Lui, il n'a aucune raison de se taire.

CHAPITRE 38

Charles Brebier finit affectivement par rentrer.
Par avion.
Le mardi 27 juillet.

Dans un cercueil plombé.

TÉMOIGNAGE
MOSRY
2.

CHAPITRE 35

Je continuai d'utiliser mon miroir rosicrucien.

Un soir de décembre 1979, je parvins à « voir » un couloir menant à l'une des Loges du Vatican. Un couloir sombre traversé par des silhouettes évanescentes qui finirent par se densifier...

L'une de ces silhouettes m'était familière.

Son visage, sa barbe, son sourire, je les connaissais depuis l'enfance.

Monseigneur Eugène Visserand...

Ma mère n'omettait jamais d'aller le saluer lors de ses séjours à Rome. Un soir, lors des vacances de Pâques, elle m'avait emmené avec elle. J'avais dix ans. Le cardinal m'avait pris sur ses genoux, m'avait ébouriffé les cheveux... Ma mère ne se séparait jamais du scapulaire que lui avait offert son vieil ami Visserand.

*

Je mis Jean-Marie Arpent dans la confidence.

JMA ne se montra pas le moins du monde surpris, il me fit observer :

– Ce cardinal barbu s'est toujours comporté en prélat de choc. Il a appartenu aux services spéciaux français durant la Première Guerre mondiale. En 1917, il même participé à la prise de Gaza, en Palestine, aux côtés de Lawrence d'Arabie. Voilà pour la mise en bouche... Maintenant, passons aux plats consistants. En

36, nommé cardinal, notre Barbu prit la direction de la bibliothèque vaticane, autrement dit il reçut mission de veiller sur les secrets du Saint-Siège. Gaulliste durant la Seconde Guerre mondiale, anticommuniste farouche, Visserand participa activement à l'implantation des *stay-behind*, en France et en Italie. Numéro 1 de la curie romaine, numéro 2 du Vatican, il faisait le lien entre la curie et l'état-major de l'OTAN lors du tissage de la toile d'araignée Gladio... Il fut bien évidemment au courant de l'opération *Tora-Tora* du prince Borghese et de la rencontre, en juin 1969, entre Reynald Brilland et le Veilleur Blanc... S'il n'était pas à l'origine de cette rencontre, Visserand avait obligatoirement dû donner son accord ! Aucune des implications secrètes du Saint-Siège ne lui échappait à l'époque.

CHAPITRE 36

À la Saint-Jean d'été 1979, mon miroir me réserva une surprise de taille qui me ramena à Rome, onze ans plus tôt. Un soir de printemps. J'étais à l'arrière d'une limousine noire. Je me tenais à la droite de Monseigneur Jean Pillot... Je lisais en lui comme dans un livre ouvert.

Monseigneur Pillot était très fier de la mission que lui avait confiée le cardinal Visserand. Aider son vieil ami le Veilleur ou Nonce Blanc à engager une nouvelle croisade contre les impies. Établir en terre de France une poche de résistance sous la forme d'une résurgence templière. Allumer une petite flamme dorée et la laisser grandir, grandir, avec d'autres petites flammes, afin de guider, grâce à Dieu, les pèlerins égarés, les aider à traverser la longue nuit du chaos communiste. Le chaos satanique de la fin des temps dont Sa Sainteté Pie XII avait vu les ravages anticipés dans sa chapelle privée, grâce à l'une de ses visions dont la très sainte Vierge Marie aimait à le favoriser peu avant sa mort. Visions que Sa Sainteté se faisait fort de rapporter à Monseigneur Visserand, son dévoué serviteur.

J'étais à la droite du cardinal Pillot et celui-ci ne me voyait pas.

Lorsque la limousine s'arrêta devant une vieille demeure patricienne, je suivis le cardinal dans un hall immense, garni de statues antiques. Puis dans une enfilade de pièces éclairées par des lustres en cristal.

Je dévalai des escaliers, traversai des couloirs taillés à même la roche, jusqu'à une vaste cave ornée de piliers romans, éclairée par des torches glissées dans des anneaux rouillés.

Un homme attendait l'arrivée de Pillot, agenouillé sur un prie-Dieu.

Je le reconnus tout de suite.

Reynald Brilland, Grand-Maître de l'Antichambre de la Rose-Croix. Il portait le tablier de Maître écossais aux trois cocardes bleu ciel.

Je ne pus assister à la cérémonie. Je fus repoussé par une force émanant d'une sorte de tenture rougeâtre frangée de noir qui se matérialisa devant RB à l'arrivée d'un autre prélat. Cardinal lui aussi, à en juger par sa Cappa Magna de soie moirée rouge et son chapeau à tresse et glands d'or. Je ne le vis que de dos. Il marchait à pas lents, légèrement voûté.

Mon pouls s'accéléra. Je compris. Le Veilleur Blanc...

Le vieil ami de Visserand.

*

Là encore, je mis Jean-Marie Arpent dans la confidence.

— Intéressant, commenta JMA avec le sourire. Reynald Brilland a été reçu maître en 1962 à la Grande Loge Hexagonale Rectifiée... Ton miroir ne s'est donc pas trompé de tablier. Quant à la force qui t'a écarté fort opportunément, sans doute émanait-elle d'une de ces « Puissances » dont parlait Saint-Paul, chargée de protéger l'égrégore noir qui préside aux destinées des 4 Loges du Vatican, dont celle du Veilleur Blanc et de son bras droit Pillot...

Monseigneur Pillot, au printemps 1969, était membre de la curie romaine. Séduit par ce Français diplomate et organisateur, le pape Paul VI lui avait confié, l'année précédente, la direction de la Congrégation du Concile.

Né en 1905, Jean Pillot avait effectué une partie de ses études secondaires à Lyon. Après son ordination sacerdotale, ses études théologiques à Rome et Paris, il avait regagné Lyon pour y enseigner la morale à la faculté de théologie. Il était retourné à Paris en 1954 exercer la charge d'évêque auxiliaire. Cinq ans plus tard, il revenait à Lyon en tant qu'archevêque coadjuteur.

Devenu cardinal en 1965, monseigneur Villot rejoignait Rome en 1967 pour devenir, deux ans plus tard, secrétaire d'État.

Pour Jean-Marie Arpent, sa trajectoire était somme toute logique.

– C'était un « national » comme son ami François Brittel-Midi, le « monsieur Gladio » des services spéciaux français opérant dans la capitale des Gaules. Dans les années cinquante, en pleine installation des réseaux « arc-en-ciel », Pillot multipliait les allers-retours Paris-Lyon sous le regard complice de Brittel-Midi. En liaison, bien évidemment, avec monseigneur Eugène Visserand, le cardinal lige de l'OTAN. Le zèle déployé par Pillot lors du tissage de la toile d'araignée Gladio lui valut d'être recommandé par Visserand auprès de Paul VI. Et ce même zèle explique son ascension au sein de la curie romaine. Reste Reynald Brilland... Pourquoi a-t-on retrouvé RB à Rome en juin 1969 ? Pourquoi a-t-il été intronisé par Pillot et le Veilleur Blanc ? À mon avis, une fois de plus, à cause de Lyon...

      – Lyon, vraiment ?

      – Oui. Lyon est à une petite cinquantaine de kilomètres d'Arginy, dans le Beaujolais. Là où, en 1952, pendant que Villot était évêque coadjuteur de Lyon, sévissait le mage Jacques Bréder, un « national » lui aussi, passionné d'occultisme, qui avait survécu à la déportation... Bréder ne pouvait qu'intéresser les fondateurs du *stay-behind* français. Il fut donc tout naturellement approché... Et en 1958, Jacques Bréder participa à la création de la Grande Loge Hexagonale Rectifiée à laquelle allait appartenir, comme par hasard, un an plus tard, Reynald Brilland, plus ou moins mêlé aux opérations magiques que Bréder conduisait, poignard en main, tantôt dans une tour du château d'Arginy, tantôt dans une grotte du Mont Obiou. Or nous savons que la GLHR passe pour être l'un des faux nez de l'OTAN et l'une des fausses moustaches de la Françafrique... Et nous savons aussi que le grand rêve de Jacques Bréder, dès 1952, était de procéder à une résurgence templière.

CHAPITRE 38

Être l'un des confidents de Jean-Marie Arpent présentait des avantages.

JMA avait été officier de renseignement pendant la guerre d'Algérie. Sous-lieutenant dans un commando de chasse RIMA, puis entré dans la réserve, il avait conservé des liens avec certains secteurs du renseignement militaire liés à l'infanterie de marine. Ses « sources » étaient solides.

Côté police, il était également bien informé grâce au *frater* Roger Favon, bête noire de Reynald Brilland. Affecté en septembre 1973 au commissariat de Wazemmes, sixième arrondissement de Lille, le « Bronx » de la capitale des Flandres, l'enquêteur de police Favon était au mieux avec Valroqué, le patron lillois du Service d'Action Civique, le très sulfureux SAC. Quand il venait prendre l'apéro au domicile de Favon, non loin de la place verte, à Wazemmes, Valroqué adorait s'attarder sur ses exploits. Paris, Lyon, Marseille n'avaient pas de secrets pour lui. Il avait rendu tellement de services aux réseaux du commissaire Blémant qu'il aurait pu leur consacrer un ouvrage entier ! Or qui disait Blémant, ancien patron marseillais de la DST, disait *stay-behind*, milieu marseillais, milieu parisien et CIA...

L'enquêteur Favon n'avait qu'à ouvrir les oreilles, engranger les renseignements et les rapporter à JMA qui en faisait son miel.

*

Favon œuvrait au miroir, lui aussi.

Il obtenait des résultats intéressants. Le miroir faisait partie de son héritage familial. Son arrière-grand-père maternel, Léon P., était entré au service de l'obscure diplomatie chère à l'alchimiste Fulcanelli qu'il rencontrait régulièrement à Paris et Bruxelles dans les années 1895-1925. Vieux client du Chat Noir, ami de Georgette Leblanc, sœur cadette de Maurice, père d'Arsène Lupin, Léon P. pratiquait une voie alchimique peu connue, la *voie du verre*, en compagnie, notamment, de son ami François Jollivet Castelot et de mon aïeul, le baron Philippe Mosry. Il libérait des « coulées d'étoiles », il fabriquait des miroirs alchimiques.

Grâce à sa première coulée d'étoiles, Léon P. s'était lancé à la recherche d'une épée (qui avait été ramenée d'Angleterre, en plein Moyen Âge, par des moines de l'abbaye d'Anchin), avant de participer, en 1908, à la résurgence Ordre du Temple Rénové (OTR) de René Guénon en s'occupant de la cooptation des membres du cercle intérieur de l'OTR.

L'expérience dirigée par Guénon n'avait duré que trois ans. Les Maîtres gardiens de la Tradition avaient mis fin à l'expérience OTR en 1911, soit trois ans avant le déclenchement de la Première Guerre mondiale. Et ces mêmes Maîtres, en 1962, c'est-à-dire cinquante et un an après la fin de l'OTR — (cinquante et un, soit **3** fois **17** : arcane de la Terre-Mère et arcane de l'Étoile) — , prirent la décision de déclencher une nouvelle résurgence en accordant aux « pressentis » vingt-deux années de préparation (les **22** arcanes majeurs du Tarot)...

Mis dans la confidence par Fulcanelli, Jean-Marie Arpent accepta de jouer le rôle qu'avait joué Guénon en 1908.

Avec 1984 — la date chère à Orwell — pour horizon.

CHAPITRE 39

JMA avait rencontré Fulcanelli à Londres en juillet 1972 et il entrait régulièrement en contact avec le Rose-Croix Saint-Germain (le Saint Frère) comme l'avait fait en son temps Léon P., selon Roger Favon.

Pour Favon, l'entrée de Jean-Marie Arpent à l'Ordre du Temple Resurgi voulu par le Veilleur Blanc se justifiait par le besoin de se familiariser avec les pratiques contre-initiatiques de l'Adversaire. Car les Forces noires étaient à la manœuvre depuis les « années Arginy ». Elles l'avaient été dans les années 1886-1908, elles ne pouvaient que récidiver à l'occasion de la préparation de la seconde résurgence du XXᵉ siècle. Aussi, lorsqu'il quitta l'OTR — où il était monté en structure, comme l'on dit dans les milieux du renseignement, puisqu'il en était devenu le numéro 2, juste derrière Julien Franken — , JMA n'ignorait rien des relations que l'aventurier Franken, son Grand-Maître, avait nouées du côté des Équipes Spéciales de Reconnaissance belges (appelées à devenir les *Special Forces Group*), faux nez de l'OTAN, et de certaines officines italiennes et suisses chères à la CIA.

JMA créa, le 27 décembre 1978, la Fraternité Johannite pour la Résurgence Templière (FJRT), à la demande de Saint-Germain, après avoir quitté le CTSG.

Je suivis JMA, tout comme Favon, à la FJRT.

J'étais devenu très proche de Favon. Affinités fraternelles et proximité géographique obligent. Favon avait quitté Lille pour Douai. Puis Douai pour Aniche où j'officiais en qualité de PDG de la miroiterie familiale. Je m'arrangeais pour déjeuner au moins une fois par semaine *Au fin gourmet*, place Jean Jaurès, avec celui qui ne boudait pas son plaisir d'être le confident privilégié, le chauffeur et porteur de valises de JMA.

*

Je ne manquai pas de reparler avec Favon de la liste Pecorelli à l'occasion de la mort de Jean-Paul 1er.

Assassinat, disait la rumeur.

Scénario proposé par les propagateurs de ladite rumeur : issu d'une famille ouvrière modeste, patriarche de Venise, le successeur de Paul VI souhaitait mettre un peu d'ordre dans les finances vaticanes. Plus question de contribuer au blanchiment de l'argent de la Mafia. D'où l'assassinat de Jean-Paul 1er par piqûre dans la nuit du 28 septembre 1978. D'où l'absence d'autopsie. D'où l'embaumement précipité de l'encombrant cadavre à l'initiative de Monseigneur Pillot, en cent onzième position sur la liste dressée par le journaliste Mino Picorelli, ancien membre de la loge P2.

Pillot !

Encore et toujours !

CHAPITRE 40

Dans les semaines qui suivirent la mort controversée de Jean-Paul 1er, mon miroir me permit d'assister au conclave.

Non à celui que présidait monseigneur Pillot, mais au conclave des 4 Loges du Vatican réunies, de nuit, dans des appartements privés, pour influencer les travaux du conclave officiel.

Les cardinaux absents pour cause d'enfermement dans la chapelle sixtine s'étaient vus remplacés, dans les appartements privés qu'éclairaient des bougies de cire noire, par des silhouettes grises et des figures de cire...

Quand la cire fondait, je voyais leurs vrais visages.

Hideux.

Démoniaques.

Je m'ouvris de cet épisode à Favon.

– M'étonne pas, grimaça-t-il.

– Toi aussi tu ?...

– Non. Mais je connais ça depuis l'enfance. J'ai été aux premières loges, si j'ose dire.

Son aïeul, Léon P., fabriquait des miroirs alchimiques, il se livrait à la divination, mais aussi au commerce avec les esprits. Léon P. avait une égérie, Alphonsine T. qui, en transe médiumnique, voyait des démons quitter les enfers afin d'incorporer des enveloppes humaines pour mieux conduire le monde à sa perte. Conséquence directe des incorporations diaboliques vues par

Alphonsine T. dans les années 1901-1913 : le déclenchement de la Première Guerre mondiale, les dix-huit millions de morts provoquées par ce conflit et l'interminable cortège des veuves, des orphelins, des mutilés.

– J'ai baigné dans cette atmosphère dès l'âge de dix ans, renchérit Favon. J'ai lu dans les yeux d'Alphonsine quand j'étais gamin la terreur que lui inspirait l'incorporation des démons sortis des Enfers pour conduire le monde à sa perte. Plus de cinquante ans après, elle en avait encore la chair de poule en m'en parlant ! Évidemment, ces choses-là ne font pas partie des préoccupations de notre société « moderne », elles ne sont pas enseignées à l'université, ni à l'école supérieure de police, ni dans les travées des conventions et meetings des partis, mais elles n'en conditionnent pas moins la géopolitique et l'agitation des fourmilières humaines.

*

Nouvelle alerte au miroir dans la soirée du 12 mai 1981. Une flaque de sang allait s'élargissant sur des pavés disjoints avant de disparaître brusquement.

Je dormis mal.

Je compris la signification du message le mercredi 13 mai.

Deux coups de feu venaient d'être tirés sur le pape Jean Paul II, à Rome, en pleine place Saint-Pierre.

Il était **17** h **17**. (Arcane de l'Étoile placé sous le joug de la dualité, yin-yang.)

On avait fait couler le sang du pape !

CHAPITRE 41

L'homme qui avait tiré sur Jean-Paul II se nommait Mehmet Ali Agca. Il s'était évadé de longs mois plut tôt d'une prison militaire turque dans des conditions rocambolesques. Anticommuniste farouche, il frayait avec les Loups gris, une organisation fasciste clandestine qui pratiquait l'assassinat politique.

On présenta très vite Agca comme un désaxé. Mais l'homme lige des Loups gris était surtout un personnage complexe, il ne s'était pas contenté d'assassiner en février 1979 le directeur du journal progressiste turc *Milliyet*, il avait aussi fréquenté des camps d'entraînement palestiniens en Syrie et au Liban.

Et séjourné en Bulgarie.

D'où la fameuse piste bulgare qui fut très vite évoquée.

Une piste bidon, d'après Favon.

– Trop simpliste, résuma l'enquêteur de police lors d'un de nos déjeuners hebdomadaires. On veut faire porter le chapeau au KGB. Mais c'est gros comme le postérieur d'un ours sibérien ! Assassiner Jean-Paul revenait à en faire un martyr et l'URSS n'a pas besoin de ça en ce moment... C'est suffisamment le bordel en Pologne avec les copains de Walesa pour en remettre une louche.

Je n'étais pas convaincu.

– Si ce n'est pas le KGB et les Bulgares, dis-je, on est contraints de se tourner vers les Américains... Et là, c'est le grand n'importe quoi ! Un pape polonais, c'est le must pour la CIA... Éliminer une carte majeure comme Jean-Paul II, c'est un non-sens en pleine partie de poker menteur dans laquelle est engagé le camp de la liberté. Au contraire, il fallait laisser ce pape polonais le plus longtemps possible sur le trône de Saint-Pierre, donc préserver coûte que coûte son existence ! Par conséquent, je ne crois pas à la carte CIA.

Favon hocha la tête.

— Je partage ton trouble. Sauf que les tarés de la stratégie de la tension n'ont pas tous baissé les bras et que le sieur Ali Agca a bénéficié d'une aide logistique qui pue les services secrets à plein nez ! D'après ce que j'ai pu apprendre, il a acheté à Sofia le Browning 9 mm parabellum dont il s'est servi, dix mois plus tard, pour tirer sur le pape. Il a reconnu être allé auparavant en Yougoslavie, en France, en Grande-Bretagne, en Belgique, en Suisse, au Danemark, en Autriche, en Hongrie, en Tunisie, en Espagne. Et après l'Espagne l'Italie... Puis de courtes visites à Budapest, Vienne, Zurich, Lucerne et Palma de Majorque...

— Un vrai pigeon voyageur ce type !

— Ouais, René. Un pigeon voyageur ayant à sa disposition de gros moyens de protection lui permettant de sillonner l'Europe sans être inquiété. D'après ce que m'a dit mon petit doigt, dès le mois de janvier 1980, un haut responsable de l'Église de France, ancien de la France libre et ami d'Alexandre de Marelle, dit « Porthos », alors patron des services spéciaux français, avait alerté le Vatican de l'existence d'une menace d'attentat contre Jean-Paul II. J'en déduis que « Porthos » s'était arrangé, dès qu'il avait eu connaissance d'un projet d'attentat contre le pape, pour faire fuiter l'info, via un membre du *stay-behind* français proche de la secrétairerie d'État...

Je ne fis aucune observation. Favon plissa le front et continua :

– … Peu après son arrestation, Ali Agca a reconnu devant les policiers italiens qui l'interrogeaient sur la préparation de l'attentat contre le pape être passé en France, après son départ de Yougoslavie. Je serais enclin à considérer que l'une des séances préparatoires à cet attentat s'est tenue dans notre pays et qu'Agca y a participé. « Porthos » en a eu vent et s'est empressé de faire remonter l'info jusqu'au Vatican. Et une autre réunion a eu lieu en Belgique, peu après celle de France. Ce qui ne m'étonne qu'à moitié dans la mesure où la Belgique abrite le siège de l'OTAN.

Je sortis de mon silence.

– Et tout ceci en pleine stratégie de la tension...

– Yes *frater*. Agca séjourne en Belgique au moment où des stratèges tordus de l'Alliance atlantique, œuvrant peut-être dans le dos de la Maison-Blanche et du Pentagone, sont en train de peaufiner un plan de déstabilisation de l'État belge qui va générer les tueries du Brabant.

*

Nous dûmes attendre mai 1983 pour avoir confirmation, via le *Los Angeles Times*, de l'inanité de la piste bulgare. La CIA ne croyait pas du tout à l'implication du KGB et des services bulgares dans l'attentat contre Jean-Paul II. Selon William Casey, directeur de la CIA, les services du rideau de Fer n'avaient pas donné l'ordre de tirer sur le pape *« bien qu'ils fussent sans doute au courant de ses intentions et eussent choisi de ne pas l'en empêcher. »*

Commentaires de Favon :

– On peut dire à peu près la même chose des services français, ils étaient au courant et ils n'ont pas empêché l'attentat, même s'ils ont pris soin de faire remonter l'info jusqu'à la secrétairerie d'État. Mais bon, Agca et son complice, Oral Çelik, membre du Gladio turc, présent sur la place Saint-Pierre au moment où Agca appuyait sur la queue de détente du Browning, ne furent jamais que des marionnettes... L'important, c'est le grand marionnettiste tapi dans l'ombre ! La confidence que Jean-Paul II a faite à son ami l'évêque Deskur à propos du commanditaire de l'attentat dont il avait été victime me paraît particulièrement adaptée : « **C'est le diable qui a fait cela**. Et le diable peut bien conspirer de mille façons. Aucune d'elles ne m'intéresse. »

Commentaires de Jean-Marie Arpent quelques semaines plus tard :

– Parmi les mille façons de conspirer chères à Satan, tu peux ranger, sans grand risque d'erreur, les agissements des quatre Loges noires du Vatican entraperçues dans ton miroir...

CHAPITRE 42

Le 27 décembre 1984, j'accompagnai Jean-Marie Arpent et Roger Favon à Bourges.

Nous descendîmes, avec six de nos frères et sœurs, dans la crypte de la cathédrale Saint-Étienne effectuer le rituel d'installation du cercle intérieur du Temple resurgi sous le nom d'Ordre des Chevaliers du Temple, du Christ et de Notre-Dame (OCTCND). À la même heure, le même jour, neuf autres frères et sœurs issus de la FJRT procédaient, à Jérusalem, à la résurgence voulue par les Maîtres gardiens de la Tradition, supervisée par Saint-Germain, le Saint Frère, au terme de 22 années de préparation.

22 comme les Lames majeures du Tarot.

22 comme les vitraux légendaires datant du XIIIᵉ siècle de la cathédrale de Bourges.

Favon était particulièrement ému. Il pensait à son aïeul, Léon P., venu dans cette même cathédrale Saint-Étienne — soixante-seize ans plus tôt — procéder à l'installation du cercle intérieur de l'Ordre du Temple Rénové (OTR) cher à René Guenon.

*

Une semaine avant ma venue à Bourges, mon miroir m'avait réservé une surprise. Il m'avait montré le visage qui fut mien à l'époque des frères Flamel. S'ensuivirent des incursions oniriques, trois nuits durant, lesquelles me permirent de me faire une idée très précise de l'homme que j'avais été durant cette période tumultueuse.

Je m'en ouvris à JMA et Favon lors de notre voyage en train vers la capitale du Berry.

— Intéressant, estima Favon. J'ai moi aussi, ces dernières semaines, été favorisé par des songes dans lesquels intervenaient les frères Flamel. Et surtout leur père, Josserand...

Avant de s'installer à Pontoise et de fonder une famille, Josserand Flamel était au service du roi Philippe V de Valois, il lui servait d'espion, il était toujours par monts et par vaux.

— Mais surtout, disait Favon, il jouait double jeu... Josserand appartenait à ce qu'il restait du cercle intérieur du Temple après la dissolution de 1314.

CHAPITRE 43

D'après les songes dont avait été favorisé Favon, le cercle intérieur du Temple avait poursuivi ses activités, dans la plus complète clandestinité, jusqu'au milieu du XIVe siècle.

Les Connaissants de Bourges et de Troyes avaient pris le relais. Suivis par d'autres Connaissants de Paris, d'Amiens et de La Rochelle. Ils constituaient désormais l'Ordre du Temple appelé à poursuivre son cheminement dans l'ombre, jusqu'à la Parousie.

Le Temple ainsi reconstitué s'était doté d'un tiers-ordre, formé de cherchants. Des alchimistes, des kabbalistes, pour l'essentiel. Tels les frères Flamel et leur ami Anseaulme. Mais aussi le Bâtard d'Orléans, Jeanne d'Arc, Jean d'Aulon...

Au sein du tiers-ordre existait une structure appelée « la Jurande », chargée d'approcher, de tester les femmes et les hommes susceptibles de venir grossir les rangs dudit tiers-ordre...

La Jurande avait traversé les siècles en s'adaptant.

JMA la présidait aujourd'hui. JMA était l'intermédiaire entre les Connaissants ayant supervisé les vingt-deux années de préparation de la résurgence du Temple sous la forme OCTCND/1984 et les 9 cherchants choisis pour se rendre à Jérusalem, ainsi que les 9 cherchants présents à Bourges, soit dix-huit frères et sœurs devant lesquels ces mêmes Connaissants avaient choisi de s'effacer, en ce dernier tiers du XXe

siècle, pour mettre la Tradition au plus près des hommes, expérience délicate, compte tenu de la dette karmique de la France et de celle du reste de l'humanité.

Guénon et ses compagnons avaient tenu trois ans.

JMA et nous allions tenir combien de temps ?

*

Sept ans.

JMA décéda d'un infarctus du myocarde en février 1991, sept ans après la résurgence. Par sa mort, le contact fut rompu avec les Connaissants. L'OCTCND, miné par les querelles internes, était devenu une coquille vide.

Favon se rendit à l'hôpital de Cambrai avec la veuve de JMA, laquelle lui demanda ensuite de l'accompagner rue des anges enlever certaines archives.

En décembre 1993, j'accompagnai Favon à Jérusalem. Nous nous recueillîmes au mont des Oliviers, à l'emplacement du Cénacle, au Saint-Sépulcre, puis dans un local souterrain vieux de plusieurs siècles, proche des anciennes écuries du Temple de Salomon. Nous effectuâmes, avant de rentrer, le rituel que les Connaissants nous avaient demandé d'effectuer.

Le passage de témoin en douceur, en quelque sorte...

Les Connaissants reprenaient la main.

Nous n'allions pas tarder à comprendre la justesse de leur démarche. Les Forces noires s'activaient, elles s'apprêtaient à frapper un grand coup.

CHAPITRE 44

Nous nous retrouvâmes face au pire.

Les crimes de masse.

Le mercredi 5 octobre 1994, sur tous les écrans de télévision se répandirent d'atroces images. Celles de chalets incendiés à Cheiry et à Salvan, en Suisse romande, de cadavres extraits des ruines fumantes. Cadavres de femmes, d'hommes, d'enfants présentés comme étant ceux de « Templiers ».

23 cadavres à Cheiry, canton de Fribourg, à la ferme de « la rochette », 25 à Salvan, au lieu-dit « les roches de cristal », dans le Valais...

Favon se tourna vers ses « contacts » au sein de la police et de la justice françaises pour tenter d'en savoir plus. Il apprit que deux policiers français paraissaient impliqués dans le massacre de Cheiry, la ferme « solaire » où avaient été abattus des hommes, des femmes, des enfants. Ces deux flics circulaient à bord d'un véhicule Ford rouge. Reconnus par un buraliste suisse, identifiés, ils avaient été entendus par la police française et remis gentiment en liberté. Je retins leurs noms. L'inspecteur Danchel et l'inspecteur Roban.

En décembre 1995, ces mêmes Danchel et Roban participèrent au massacre de Saint-Pierre-de-Chérennes, dans le Vercors. Ils furent liquidés en dernier.

Adieu, lance-flammes.

— J'ai recueilli un tuyau qui vaut ce qu'il vaut, me confia Favon. L'appartenance de Danchel à la police des frontières lui permettait de faire des extras pour la section « infiltration et exfiltration » de notre bon vieux *stay-behind*, toujours opérationnel après quatorze ans de stupeur mitterrandienne. D'après la DST, c'est cette section qui aurait pris en charge Licio Gelli, le patron de la Loge P2, en 1982, quand il avait un mandat d'arrêt international aux fesses, pour lui permettre de traverser Nice et rejoindre une planque somptueuse sur la Croisette monégasque alors que Mitterrand jouait au monarque républicain sous les ors de l'ancien palais de la Pompadour !

*

Deux policiers français, en octobre 1994, membres de l'Ordre du Temple Solaire, se faisaient repérer à bord d'une Ford rouge, à Cheiry, aux abords de la ferme de « la rochette » où des femmes, des hommes, des enfants venaient d'être massacrés.

— Deux flics comme moi, disait Favon. Tu vois où je veux en venir ?

— Pas vraiment.

— Je serais enclin à voir en ces charmants collègues la « **source** » qui a cherché à me « **mouiller** » en vampirisant ma prose, en faisant croire à Charles Pasqua, ministre de l'Intérieur, que le fameux testament dont il était destinataire avait quelque chose à voir avec mon bouquin sur les Rose-Croix, donc avec moi !... Ce même Pasqua qui n'avait pas cru devoir répondre, un an plus tôt, à ma demande d'autorisation de me rendre à Jérusalem.

– Absence de réponse qui t'avait amené à enfreindre le règlement, à aller Jérusalem sans autorisation...

– Et sans qu'on me demande quoi que ce soit au retour, alors que, normalement, tout policier français se rendant dans un pays étranger particulièrement sensible comme Israël doit se soumettre à une batterie de questions posées par des gens de la DST peu avant son départ et se faire « débriefer » en rentrant.

Je me permis d'en remettre une louche :

– D'autant que nous sommes allés à Jérusalem en pleine intifada !

– Je ne te le fais pas dire.

CHAPITRE 45

Je pris en charge la sécurité de Favon.

Pour le gardiennage de mes entreprises, je faisais appel à une boîte privée dirigée par Willy Van Dirsen, un ancien officier des forces spéciales belges.

Je demandai à Willy d'assurer la sécurité de mon ami enquêteur lors de ses déplacements personnels et d'exercer une surveillance discrète de son domicile. C'est ainsi que j'appris que des gens venus de Bruxelles s'intéressaient au quotidien de l'enquêteur de police Roger Favon et à ses fréquentations. Mais aussi des gens venus de Paris et de Marseille.

Ces gens intéressaient d'autres gens qui entrèrent en contact avec moi par le canal d'un certain Charles Brebier, ingénieur des mines de formation, qui avait dirigé une fonderie à Saint-Maur et vivait à Paris, dans un superbe appartement donnant sur l'entrée du square Sainte-Périne.

J'eus plusieurs conversations téléphoniques avec Charles Brebier avant de me rendre chez lui, un après-midi de juin 1999.

L'accueil fut chaleureux.

Nous restâmes une petite heure dans son salon climatisé orné de tableaux de Seurat et de Degas, à siroter un gin-fizz gorgé de glaçons avant de poursuivre notre conversation dans les allées du square Sainte-Perrine.

— D'après ce que j'ai pu apprendre, on a de nouveau tiré sur la voiture de l'enquêteur Favon ?...

– Oui. Mais Van Dirsen, mon « monsieur sécurité », n'était pas très loin, il a pu prendre en chasse la voiture du tireur...

– Laquelle avait été volée quelques heures plus tôt à Valenciennes ?

– C'est exact.

– Et depuis, il n'y a eu aucun incident notable à signaler...

– Aucun.

– Favon a la Baraka. Partir à Jérusalem en pleine intifada sans l'autorisation de Charles Pasqua, son ministre de tutelle, et ne pas se faire tirer les oreilles au retour, ce n'est pas à la portée de n'importe quel enquêteur de police ! Je suppose qu'il a conscience d'avoir bénéficié d'une protection, disons... providentielle ?

– Il en a conscience.

Charles Brebier me tapota l'avant-bras gauche.

– Il fallait aller là-bas, même si ce n'était pas facile, trois ans après la mort de Jean-Marie Arpent. JMA a laissé un vide terrible... Mais là où il est, soyez persuadés qu'il continue de veiller sur vous.

Je gardai le silence.

– Les Forces noires, poursuivit-il, ont frappé un grand coup avec les massacres du Temple Solaire. Elles ont discrédité pour des décennies et des décennies toute idée de résurgence templière... Il va falloir faire avec. Mais ceux qui m'ont demandé d'entrer en contact avec vous ne sont pas nés de la dernière pluie. Ils surveillent de très près la situation de notre pays et cela ne date pas d'hier. Ils l'ont fait savoir publiquement en 1623.

Charles Brebier prêchait un convaincu.

C'était en effet en l'an de grâce 1623, en plein mois d'août, que des affiches apposées sur certains murs parisiens avaient révélé l'existence de la confraternité R+C. D'après mon miroir, ces affiches m'avaient valu de procéder à une enquête commandée par le cardinal de Richelieu. J'allais perdre la vie pour avoir refusé de fausser les résultats de mes investigations, de dire que les frères Rose-Croix étaient au service de Satan.

L'un de mes « contacts », homme de robe, m'avait confié, peu avant mon assassinat, que les Frères, à Paris, étaient au nombre de douze, ils se réunissaient dans une demeure du Marais. Deux seulement se livraient à l'alchimie, trois pratiquaient la médecine. Mais tous étaient astrologues, kabbalistes, devins. Ils suivaient attentivement la politique intérieure et extérieure du royaume.

CHAPITRE 46

Pour Charles Brebier, c'étaient les Frères de la Maison R+C de Paris et les Frères de la Maison R+C de Bourges qui avaient supervisé la création de l'Ordre du Temple en 1118.

En 1314, lors de la dissolution du Temple, les Frères R+C de Paris et de Bourges prirent le relais, ils réunirent ce qu'il restait du cercle intérieur et mirent sur pied une jurande chargée de la cooptation des membres du tiers-ordre appelé à prospérer dans la plus complète clandestinité en France et hors de France. Josserand Flamel fut l'un de leurs premiers jurés-recruteurs. Nicolas Flamel, son fils aîné, prit sa succession. La Maison R+C de Paris, au cœur du Marais, devint la nouvelle commanderie du nouveau Temple entré en clandestinité tandis que la Rose-Croix se repliait aux abords de la cathédrale Notre-Dame pour ouvrir sa nouvelle Maison.

La mission première du Temple reconstitué en terre de France et appelé à essaimer en Europe était de maintenir vivace l'idée chevaleresque jusqu'à la Parousie...

Défendre la veuve et l'orphelin, lutter contre les inégalités sociales, promouvoir l'altruisme devinrent le corollaire des actions théurgiques menées par les Connaissants à partir de leurs commanderies cachées, soigneusement relayées par le tiers-ordre du Temple.

*

Maintenir l'idée chevaleresque dans le monde profane et susciter des résurgences templières dans le monde initiatique forment les deux volets de l'action qui est celle du Temple reconstitué depuis sept siècles.

– **Deux** cavaliers chevauchant **la même monture**, tel est le sceau de l'Ordre du Temple médiéval, me rappela Charles Brebier lors de notre déambulation dans les allées du square Sainte-Périne. Cette dualité, on va la retrouver à l'occasion de la première résurgence templière, légèrement antérieure au sacre de Charles VII à Reims. Car vous n'ignorez pas que l'on a évoqué l'étendard du Temple, le fameux gonfanon beaucéant, brandi dans le chœur de la cathédrale Notre-Dame de Reims par Jean d'Aulon, l'écuyer de Jeanne d'Arc...

« Méditons longuement la geste de Jeanne, mon cher baron. Il y a derrière l'image saint-sulpicienne d'une gentille bergère quittant ses moutons pour venir guerroyer aux côtés de Dunois, bâtard d'Orléans, du maréchal de France Gilles de Rais et de La Hire, redoutables chefs de guerre, afin d'aider le « Roi de Bourges », Charles VII, à bouter les Anglais hors de France et être sacré à Reims, oui, il y a une autre image, bien plus pertinente et « révolutionnaire », si j'ose dire : celle de la première résurgence du Temple reconstitué, effectuée avec un maximum de discrétion, bien sûr, vu le contexte tourmenté de l'époque, et confiée à une femme.

« Non seulement la commanderie de Bourges révélait son existence au Roi de Bourges et les moyens dont elle disposait depuis cent quatorze ans, mais elle lui proposait de l'aider jusqu'au sacre. D'où l'acceptation de Charles VII. Suivie de la prise de quartiers de Jeanne dans la tour du Coudray de la forteresse de Chinon, c'est-à-dire **là où avaient été détenus, en 1308, Jacques de Molay et les dignitaires du Temple**... Symbole fort s'il en est. Suivi d'un autre symbole fort, celui de **l'étendard du Temple déployé lors du sacre de Reims**.

« Si l'on prend pour année de la première résurgence à laquelle procéda le Temple reconstitué l'année 1428, soit celle où Jeanne d'Arc fit savoir publiquement qu'elle allait bouter les Anglais hors de France et aider le « gentil Dauphin » à se faire sacrer à Reims, on peut dire que la première résurgence templière a eu lieu en 1428 et s'est achevée en 1431, par la condamnation à mort de Jeanne et le bûcher de Rouen. Elle aura duré trois ans.

CHAPITRE 47

Trois ans, c'est ce qu'allait durer la résurgence mise en œuvre par René Guénon en 1908.

– L'aïeul de Favon y participa, sourit Charles Brebier. Aux côtés de mon père, du reste, ce qui me donne une certaine légitimité pour en parler... Mon père était rosicrucien et martiniste, il appartenait à l'Ordre kabbalistique de la Rose-Croix. Grand ami du Sâr Joséphin Péladan, il appartenait aussi à la Loge de la Grande Pyramide, fondée en 1902, au retour d'un séjour au Caire, par un aventurier de l'occulte nommé Juvénal Barbarin. Le Sâr, en fait, avait chargé mon père d'infiltrer la Loge de Barbarin... Mais cette infiltration tourna mal. Mon père mourut en janvier 1914, renversé par un fiacre... Péladan le suivit dans la tombe quatre mois plus tard, victime d'un empoisonnement. Officiellement, le Sâr avait mangé des huîtres pas fraîches. Quant au fiacre ayant renversé mon père, il ne s'est pas arrêté et son cocher n'a jamais été identifié et encore moins interpellé.

Charles Brebier était âgé de trois ans lors de la mort « accidentelle » de son père. Mais son demi-frère, Edgar, né d'une première union de leur géniteur, était de vingt ans son aîné. Envoyé au front, blessé grièvement, Edgar survécut à la Grande Boucherie. Démobilisé, il créa une fabrique de machines-outils à Montrouge et devint un industriel respectable et respecté. Il s'occupa de l'éducation de son « petit frère » Charles.

Passé sous le bandeau du Grand Orient de France, Edgar Brebier consacra une partie de sa fortune et de son temps à enquêter sur Juvénal Barbarin et sa Loge de la Grande Pyramide.

Au terme de son existence, Edgar Brebier en était arrivé à la conclusion suivante : chaque pays abrite 7 Loges noires **supérieures**, lesquelles supervisent les activités des loges noires intermédiaires et des loges noires subalternes qui leur sont rattachées et ont vocation d'alimenter la confusion, la haine et le chaos dans les territoires où elles sont implantées.

En France, il existe une Loge du Mal à **Paris**, une autre à **Lyon** et une autre encore à **Marseille**...

Quid des quatre autres ?

La Loge du Mal de Paris travaille étroitement avec la Loge du Mal de **Rome** chargée de mener des infiltrations au sein du Vatican.

Les agissements de la Loge parisienne sont suivis de très près par un Rose-Croix ayant pris pour pseudonyme Fulcanelli.

*

Je pris l'habitude de descendre à Paris une fois par mois. De rendre une petite visite à Charles Brebier qui vivait seul dans son luxueux appartement de la rue Mirabeau donnant sur l'entrée du square Sainte-Périne. Veuf, retiré des affaires, Brebier avait deux filles qui résidaient aux États-Unis. Il ne voyait ses filles que très rarement.

Nos conversations tournaient autour des questions traditionnelles et, bien sûr, de la contre-initiation. La Loge de la Grande Pyramide — entrée dans la plus complète clandestinité au sortir de la Seconde Guerre mondiale — constituait, à défaut d'être ou d'avoir été l'une des quatre Loges du Mal qu'Edgar Brebier n'était pas parvenu à localiser, l'une des pièces majeures du dispositif français mis en place par les Forces noires et leurs suppôts.

Ces conversations, je m'empressais, bien évidemment, de les rapporter dans leurs grandes lignes à Favon.

Nous avancions lentement mais sûrement.

CHAPITRE 48

Flashback

Les activités noires de Juvénal Barbarin s'étaient exercées dans les milieux politiques, militaires, policiers, mais aussi les milieux catholiques, maçonniques, rosicruciens, sans compter les milieux du renseignement.

Barbarin avait fait beaucoup de dégâts.

Durant la Seconde Guerre mondiale, le fondateur de la Loge de la Grande Pyramide s'était retranché dans une abbaye. L'abbaye bénédictine de Jagoule, dans la Somme. Il y était resté jusqu'au milieu des années cinquante. Il y recevait de rares visiteurs. Des prélats de haut rang comme le cardinal Visserand. Des responsables des services spéciaux italiens, français et belges.

Gladio/Italie et Arc-en-ciel/France se mettaient tranquillement en place...

*

En janvier 1959, Edgar Brebier, le frère aîné de Charles, s'éteignit des suites d'une longue maladie.

Il revint à Charles Brebier de coordonner les recherches du petit cercle de fidèles qui avait accompagné jusqu'au bout la démarche d'Edgar.

Ces fidèles appartenaient à diverses obédiences maçonniques, chapelles rosicruciennes, divers cénacles alchimiques.

La sagesse, la tolérance guidaient leurs recherches. Ils avaient une trop haute idée de l'engagement initiatique pour ne pas appliquer à leurs investigations la rigueur avec laquelle ils taillaient leur pierre personnelle.

Cette démarche plus qu'honorable leur valut de s'attirer les bonnes grâces de la Rose-Croix toujours soucieuse de renforcer son tiers-ordre et celui du Temple reconstitué.

CHAPITRE 49

– Le Cosmopolite ?

– Oui.

– Dans le jardin médiéval de Cluny ?

– Oui.

Favon tournait le dos à la grande baie vitrée qui donnait sur la cour intérieure de ma miroiterie livrée au ballet incessant des chariots-élévateurs.

– Je croyais qu'il était mort peu après son évasion ?

Je ne pus m'empêcher de sourire. Son nom était Alexandre Seton, sa nationalité écossaise. On l'appelait Le Cosmopolite parce qu'il était toujours par monts et par vaux, un matin à Amsterdam, un soir à Bruges, Strasbourg ou Varsovie. Seton s'était évadé, grâce à Michel Sendivogius, médecin et alchimiste polonais, de la prison où l'avait jeté l'Électeur de Saxe. On l'avait crié mort fin décembre 1603, ou début janvier 1604, après qu'il eût fait cadeau à Sendivogius de sa provision de poudre de projection.

– Flamel aussi a été déclaré mort, dis-je. Il a même été inhumé, rappelle-toi !

Humour. La grand-mère maternelle de Favon avait passé sa vie à enquêter sur Flamel.

– Merci de me le rappeler, ricana l'enquêteur qui avait eu, ado, les oreilles chauffées plus que de raison par les flammes de l'athanor de l'alchimiste de Saint-Jacques-la-Boucherie. Donc Le Cosmopolite n'est pas mort, il a reçu le « Don de Dieu » comme Flamel et Fulcanelli.

– Et il séjourne aujourd'hui à Paris comme Flamel et Fulcanelli. Et il lui arrive de donner, comme Flamel, rendez-vous à certains cherchants à l'intérieur du jardin médiéval de Cluny ou aux abords de Notre-Dame.

– Génial.

Favon pivota, il parut s'abîmer dans la contemplation du ballet des chariots-élévateurs. Avant de marmonner :

– « *Attention à la Loge noire d'Aniche.* » Voilà le message que le Cosmopolite a demandé à Charles Brebier de nous faire passer...

– Fulcanelli a battu le rappel de ses frangins. Le Cosmopolite est venu lui donner un coup de main... J'en déduis que le Cosmopolite a la Suisse en plus de la Pologne, de l'Allemagne, des Pays-Bas et de la Belgique dans sa zone d'activités.

CHAPITRE 50

Le message du Cosmopolite n'aurait su étonner l'enquêteur Favon.

Dans les années 1895, Léon P., alchimiste rouge, aïeul de Favon, participait, rue de la gare, à Aniche, en compagnie du docteur C. et de François Jollivet Castelot, fondateur de la Société Alchimique de France, à des séances évocatoires au cours desquelles s'exprimaient les esprits d'alchimistes ayant sévi en Égypte ancienne et en Atlantide.

Lors d'une de ces séances, la médium Jeanne T. avait révélé la présence, dans une tombe du vieux cimetière, d'une momie égyptienne...

La momie d'un redoutable magicien noir.

L'alchimiste Fulcanelli, mis dans la confidence, avait apporté sa contribution à la neutralisation de ladite momie, il avait dessiné les plans d'une Maison du peuple en forme de demeure philosophale, destinée à abriter le plus vieux cinéma ouvrier du monde, mais surtout à servir d'*attache*, de « pyramide de fixation » lors des activités théurgiques préconisées par le Forgeron solaire.

Dans les années 1930, Léon P. et ses frères Mousquetaires du verre se virent chargés par Fulcanelli de surveiller les agissements du directeur général de la compagnie des mines d'Aniche qui se livrait, en lien avec les « papes noirs » parisiens de Saint-Merry, à l'alchimie inversée.

Cet alchimiste noir participait à des séances chamaniques avec le sulfureux Léon Degrelle, chef du parti Rex, il conduisait des rituels inversés dans l'une des pièces de son château, drapée de tentures noires, ornée de statues d'origine égyptienne et mexicaine.

Enfin, cerise rouge sur le gâteau noir de la contre-initiation, au milieu des années quatre-vingt, l'enquêteur de police Favon, affecté au commissariat d'Aniche, avait eu connaissance de curieux rituels menés dans l'enceinte du vieux cimetière abritant la fameuse momie égyptienne...

Certains de ces rituels étaient menés par des adolescents, fascinés par l'œuvre de l'écrivain américain H.P. Lovecraft, désireux, disaient-ils, de hâter le retour des Grands Anciens traversant l'œuvre de l'ermite de Providence.

D'autres rituels étaient menés par des magiciens noirs sévissant dans le Nord, le Pas-de-Calais et l'Oise, parmi lesquels Favon réussit à « loger » un avocat d'affaires et un trafiquant de drogue, membres d'une loge maçonnique écossaise, tous deux voués à Satan.

*

Favon voyait un organigramme prendre corps peu à peu sous ses yeux.

La Loge du Mal de Paris tenait englués dans la toile qu'elle tissait depuis des siècles les « sorciers de Saint-Merry » et leurs suppôts provinciaux. Parmi ces derniers, hier, le directeur général de la compagnie des mines d'Aniche en cheville avec Léon Degrelle... Et aujourd'hui d'anciens membres de loges écossaises sauvages servant le Diable sous couvert de servir la raison d'État.

CHAPITRE 52

Nous ne voulûmes pas décevoir Le Cosmopolite venu aider son frère Fulcanelli à se dépatouiller avec les suites de l'affaire OTS.

Son message résumait le côté obscur de la petite cité du verre et du charbon qu'était Aniche. Des magiciens noirs y opéraient depuis le XIXe siècle au moins. Ils veillaient sur une momie égyptienne et utilisaient celle-ci comme *attache*, comme abcès de fixation pour leurs rituels maudits. Des notables appartenaient à leur chaînon. Un Directeur Général de compagnie minière dans les années 1930. Un avocat d'affaires, un directeur de sociétés lié au trafic international des stupéfiants et au trafic d'armes avec le continent africain dans les années 1980.

Et aujourd'hui, à l'aube du XXIe siècle ?

Devions-nous diriger nos soupçons vers le milieu des affaires masquant des petits ou grands trafics en lien avec le continent africain ?...

La tâche était plus aisée qu'en 1930. La compagnie des mines d'Aniche n'existait plus. Nous connaissions bien les cadres des verreries encore opérationnelles, ils étaient « clean »...

Restaient les milieux d'affaires et l'Afrique.

Nous nous tournâmes vers Damien Sorlosvka, il dirigeait une grosse société de récupération et de transformation de métaux, rue Ronsard.

Bingo.

Membre de la Grande Loge Hexagonale Rectifiée (GLHR), Sorlovska l'Anichois n'avait pas grand-chose à refuser au policier Favon, ex-rosicrucien, auteur d'ouvrages ésotériques qu'il appréciait et vers lequel il avait pris l'habitude de se tourner pour la rédaction des planches maçonniques dont il s'attribuait en loge, devant ses frères, la paternité. Mais, surtout, Damien Sorlovska louait plusieurs centaines de mètres carrés de locaux à des Loges maçonniques sauvages. Des Loges qui avaient rompu ou pris quelques libertés avec leur obédience d'origine.

Des Loges très affairistes.

*

L'une de ces Loges sauvages retint notre attention. La Loge du Renouveau. Selon Sorlovska, elle avait été créée en 1992 par d'anciens membres de la GLHR portant le tablier de Chevalier Bienfaisant de la Cité Sainte.

Un triumvirat la dirigeait.

En l'occurrence un ancien commissaire divisionnaire de la DST, un banquier d'affaires et le patron de la Compagnie des Pétroles du Nord installée à Dunkerque.

CHAPITRE 53

Grâce à ses contacts au sein de la DST, Favon ne tarda pas à apprendre que l'ex-commissaire divisionnaire Choffier, l'Illustre Maître de la Loge Renouveau, avait quitté la police en 1993, clôturant huit années de détachement à l'ambassade de France au Gabon et seize ans d'appartenance à la Grande Loge Hexagonale Rectifiée. Ancien du SAC, le commissaire divisionnaire honoraire Choffier n'avait pas son pareil pour interroger le ciel astrologique de son « frère » Omar Bombolo, Grand-Maître écossais du Gabon, qui le chargeait volontiers de missions secrètes ayant la faveur des astres.

Nous découvrîmes, dans la foulée, que le Premier Surveillant de la Loge Renouveau, Francis Sizenaire, avait passé de longues années au Congo et au Gabon pour le compte d'une célèbre entreprise française suspectée de servir de vitrine légale au blanchiment d'argent en provenance de trafics d'armes et d'uranium. Quant au Second Surveillant, Raoul Sorda, il avait quitté, à la fin des années quatre-vingt, les magnifiques plantes vertes d'une chambre de compensation luxembourgeoise pour l'épaisse moquette de l'Oriental System Bank de Zurich. Depuis son retour en France, à la tête de la Compagnie des Pétroles du Nord, il multipliait les déplacements en jet privé.

Raoul Sorda se rendait fréquemment en Iran, Irak, au Tchad, Cameroun, Congo, Gabon, Soudan, Nigeria, Pakistan, Liban...

*

En janvier 2001, Favon m'accompagna chez Charles Brebier à l'invitation de ce dernier.

On parla du Cosmopolite, bien sûr, mais aussi de Fulcanelli, de Jean-Marie Arpent et de la Loge Renouveau.

Un sénateur appartenant au petit cercle qu'animait Brebier — le sénateur Durand-Paqué, classé divers gauche — s'était penché sur les activités de Raoul Sorda, Second Surveillant de la Loge Renouveau. À Zurich, Raoul Sorda avait créé une loge sauvage écossaise, la Loge Shelley. Cette loge zurichoise regroupait des avocats d'affaires, des policiers, des directeurs de sociétés et des banquiers.

– Pour mon ami sénateur, nous révéla Brebier, il faudrait voir en « Shelley » les fameux Maîtres de Zurich qui se trouvaient, selon Jo Di Mambro et Luc Jouret, derrière l'Ordre du Temple Solaire. N'oublions pas que Di Mambro avait été proche du SAC, à défaut d'avoir appartenu à cette organisation gaulliste. Quant à Sorda et Choffier, ils ont quitté le SAC quelques mois à peine avant la tuerie d'Auriol. Jouret appartenait au *stay-behind* belge comme Choffier appartenait au *stay-behind* français... Ce sont, pour mon ami sénateur, davantage que des coïncidences.

D'autant qu'en juin 2002, le frère cadet du sénateur Duand-Paqué avait perdu la vie dans le Var. Sur la route de Bargème, au sud de Toulon où Julien Sorda, le fils aîné de Raoul Sorda, dirigeait une société de gardiennage, une société civile immobilière et une société de récupération de ferraille liées à Cosa Nostra.

CHAPITRE 54

– D'après le sénateur, surenchérit Charles Brebier, l'accident de voiture qui a été fatal à son frère porte la signature de Cosa Nostra. La barre de direction avait été sciée... Et la police locale a fermé les yeux quand l'épave du véhicule accidenté, transportée dans une casse dépendant du fils Sorda pour être broyée, a ensuite atterri dans une fonderie appartenant à l'épouse du même Sorda pour échapper définitivement aux improbables expertises judiciaires.

*

Favon avait un camarade de promo au SRPJ de Marseille dont le beau-frère appartenait à l'antenne de Toulon. Il se tourna vers lui. La réponse fut immédiate.

Danger.

Julien Sorda était plus puissant et plus dangereux que ne l'avait été Jean-Louis Targette, l'ancien parrain du Var. Fortune considérable, villa luxueuse, une armée de gardes du corps. Il avait ses entrées au palais de justice, à la préfecture maritime et à l'hôtel de ville. On parlait à son endroit de trafic de voitures volées en Belgique, en Allemagne, au Luxembourg et expédiées vers Alger et Dubaï. De morphine-base importée du Liban, d'héroïne et de cocaïne expédiées vers Détroit. Mais Julien Sorda n'avait jamais fait l'objet de la moindre procédure judiciaire ni subi la moindre tracasserie douanière.

Sorda prenait soin de s'entourer des meilleurs avocats pénalistes et fiscalistes de l'Hexagone.

Fin septembre, le camarade de promo marseillais de Favon se manifesta. Une journaliste enquêtait sur Julien Sorda. Une certaine Muriel Ledoux.

– Tu ne devineras jamais comment mon camarade marseillais s'est arrangé pour faire la connaissance de la demoiselle, me taquina Favon lors d'une de ses visites impromptues à la miroiterie.

– Accouche...

– Un de ses collègues du SRPJ lui a carrément rentré dedans avec sa caisse.

– Il l'a renversée ?

– Tout de suite les grands moyens ! Non, il s'est contenté de lui refuser une priorité et de lui abîmer une aile de sa Clio, la faute à pas de chance, le hasard qui adore faire un p'tit coucou à la nécessité. Pour rédiger le constat amiable, il l'a traînée dans un bistrot. Ils ont bavardé. Quand elle s'est rendue compte qu'elle avait affaire à un capitaine de police, la demoiselle lui a fait du gringue et lui a demandé s'il pouvait la rencarder sur l'histoire du « commissaire principal Saincépié » et ses liens avec Sorda... Du coup mon pote a pris le relais, il est allé à l'hôtel où la demoiselle était descendue, il lui a filé quelques tuyaux sur Saincepié tout en essayant habilement de lui tirer les vers du nez.

Le commissaire principal Saincepié était un faux policier qui avait un vrai bureau de policier à l'Évêché de Marseille. Il avait été « suicidé », en 1994, à l'insu du plein gré de ses assassins et de ceux de son frère pour s'être intéressé de trop près aux dossiers qu'était supposée détenir la député Yann Pita.

CHAPITRE 55

En septembre 2002, on fit feu sur la Mercedes de Charles Brebier en plein Paris.

Brebier était au volant.

Le passager d'une moto qui doublait la Mercedes boulevard Raspail tira deux coups de feu. Le sénateur Durand-Paqué se tenait sur le siège arrière gauche de la voiture. Les deux balles lui effleurèrent les cuisses avant de se loger dans le plancher. Calibre 11.43, celui des professionnels. La passagère avant était Muriel, la nièce du sénateur, journaliste à *Scoop*.

La maladresse du tireur était trop flagrante pour ne pas avoir valeur d'avertissement. On n'avait pas voulu les tuer.

Juste les mettre en garde.

Charles Brebier, le sénateur Durand-Paqué et sa nièce sortaient d'un immeuble de la rue du Bac où ils avaient eu un long entretien avec Patricia Jouvenfroi, consœur de Muriel, et une jeune capitaine de police, la capitaine Mazin.

La capitaine Mazin était la filleule d'un ami de Charles Brebier, ancien homme d'affaires, ancien libraire, retiré à Suresnes, le sieur Antoine de Boissière, féru de magie blanche, ami de Jean-Marie Arpent.

Antoine de Boissière animait un petit cercle de cherchants pratiquant l'alchimie, la divination par les Tarots et la théurgie.

CHAPITRE 56

Favon entra en contact avec la capitaine Mazin.

Favon avait quitté la police en janvier 2001 pour faire du théâtre, de la politique et animer des ateliers d'écriture dans les quartiers populaires. Il n'était pas un inconnu pour la capitaine Mazin, loin s'en faut. L'intéressée était venue le voir à Aniche quelques années plus tôt, au plus fort de ce que Favon appelait « la tempête ». Tempête consécutive à la parution de son bouquin sur l'OTS et les propos qu'il avait tenus à Bruxelles, lors d'une émission produite par la chaîne RTL-TVI, repris en boucle par toutes les stations de radio belges, lesquels propos avaient eu des répercutions jusqu'au siège de l'OTAN selon un ponte socialiste siégeant à la Chambre des Représentants. Favon, à son retour de Bruxelles, avait été entendu sur commission rogatoire du juge d'instruction de Grenoble par le commandant Nagueul, de la DCPJ. Hors audition, alors qu'ils s'octroyaient une petite pause, Favon avait dit à Nagueul qu'il serait désolé si jamais sa déposition venait à prendre un tour inquiétant, de devoir dire des choses désagréables à propos de Simon Siméandri, le conseiller Afrique du ministre de l'Intérieur. Nagueul s'était aussitôt isolé dans le bureau voisin pour appeler Paris et avait reçu l'ordre de remballer ses affaires. L'audition était terminée. Favon était libre de vaquer à ses obligations littéraires. On lui demandait simplement de « jouer le jeu », de ne rien dire de désagréable sur le ministère de l'Intérieur et l'Afrique aux journalistes qui le contacteraient. Message reçu cinq sur cinq.

Voilà dans quel contexte Favon avait reçu un coup de fil de la capitaine Mazin. Et la visite de l'intéressée trois jours après, un samedi. Ils avaient déjeuné ensemble dans une brasserie douaisienne. Et échangé longuement sur l'affaire du Temple Solaire.

La capitaine Mazin avait débuté aux RG avant de se retrouver à la DCPJ. Aux RG, elle s'occupait des mouvements sectaires. Après son affectation à la DCPJ, à Nanterre, lorsque deux policiers français avaient été signalés en Suisse, canton de Fribourg, dans une Ford rouge, à proximité d'une ferme incendiée, la ferme de « la rochette », dans laquelle reposaient 23 cadavres, elle s'était intéressée à l'un des deux policiers mis en cause, l'inspecteur Danchel, de la Dicilec, la police des frontières.

Elle avait dû faire preuve de prudence, car visiblement, à la DCPJ, on ne souhaitait pas trop gêner les allées et venues de Danchel, revenu de Suisse... Ce curieux inspecteur de police avait ses entrées place Beauvau. Il tutoyait des conseillers techniques, il déjeunait avec des pontes des RG.

La capitaine Mazin marchait sur des œufs.

CHAPITRE 57

L'inspecteur Danchel n'appartenait pas qu'à l'Ordre du Temple Solaire, il faisait partie d'un « cercle » qui se réunissait trois fois par mois, avant et après la pleine lune, dans un immeuble de la Folie-Méricourt, dans le onzième arrondissement de Paris. Le Cercle Morichet.

Un cercle d'apparence tranquille, regroupant des mélomanes, amoureux de l'œuvre du compositeur et pianiste français Erik Satie.

— Danchel était le seul flic du « Morichet », confia la capitaine Mazin à Favon. Les douze autres étaient des banquiers d'affaires, des avocats d'affaires et des hauts fonctionnaires du ministère des Affaires étrangères...

— Ça n'a pas dû être de la tarte de réussir à identifier tout ce beau monde.

— Je te le confirme.

— Donc tu n'étais pas seule sur le coup ?...

Elle avait gardé le silence.

— ... Et ils faisaient quoi, Danchel et ses amis du Cercle Morichet sous prétexte d'écouter de la musique ?

— Des rituels... Des évocations et invocations d'entités, j'imagine.

Parmi les hauts fonctionnaires du ministère des Affaires étrangères qui appartenaient au cercle Morichet, la capitaine Mazin avait cru devoir isoler un certain Gilbert de Sérenne.

À cause de son parcours très « parlant ».

Sérenne avait débuté chez Elfa-Pitenne auprès d'un ancien colonel du SDECE : le sieur Maurice Trober, chargé des relations avec les pays pétroliers d'Afrique et d'Asie. Quand Trober, en 1979, avait été nommé ambassadeur de France au Gabon, Sérenne l'avait suivi. Il était resté quinze ans à Libreville.

– Gilbert de Sérenne a mis les mains dans le cambouis, pour rester poli. Le régime d'Omar Bombolo lui doit une bonne part de sa « stabilité ». Sur ce plan-là, on peut dire que Sérenne a été le digne élève de Trober... On lui prête de nombreuses disparitions d'opposants. Bien sûr, tu vas me dire, on ne prête qu'aux riches... Mais Sérenne a un joli bas de laine.

*

Pour la capitaine Mazin, c'est le Cercle Morichet et non l'OTS qui contrôlait l'inspecteur Danchel.

Si Danchel avait participé aux exécutions de la ferme de Cheiry, canton de Fribourg, puis aux exécutions de Saint-Pierre-de-Chérennes, dans le Vercors, c'était sur ordre des gens de la Folie-Méricourt. Et les « militaires » ayant nettoyé la scène de crime au lance-flammes, après avoir liquidé l'épouse et les enfants de Danchel dans une clairière du Vercors, avaient puni Danchel pour sa négligence de Cheiry.

En se faisant repérer dans une Ford rouge en Suisse romande, en attirant l'attention de la police française sur lui, donc potentiellement sur le Cercle Morichet, l'inspecteur Danchel signait à terme son arrêt de mort. Il était logique qu'il se fasse « effacer » du cercle des vivants et du Cercle Morichet au moment et sous la forme choisis par ce dernier.

CHAPITRE 58

En mars 2003, c'est Favon qui descendit à Paris voir la capitaine Mazin. Il tenait à l'informer des quelques éléments nouveaux qu'il avait recueillis sur Raoul Sorda, le père du parrain du Var.

Depuis son passage au commissariat de Wazemmes, à Lille, Favon était au mieux avec l'un des dirigeants de l'union départementale de la CGT qui avait, dans une autre vie, dirigé le syndicat des dockers de Calais. Cette « source » venait de lui confirmer que des conteneurs venus de Toulon et d'Anvers étaient stockés dans l'un des entrepôts de la raffinerie dirigée par la fille de Raoul, Stéphanie Sorda.

D'autres « sources » — émanant des RG, du SRPJ et de la DST — faisaient état d'un acheminement régulier de matériel lourd au siège de la Compagnie des Pétroles du Nord (tronçons de canalisation de transit, éléments de compression, pistons racleurs...) qui masquaient un stockage massif de matériel militaire destiné à prendre, par voie maritime et voie aérienne, la direction de l'Afrique.

À peine rentré de Paris, Favon fit un crochet par mon domicile, il tenait à me rendre compte des temps forts de sa journée.

Tout d'abord, la capitaine Mazin n'était pas venue seule au rendez-vous. Elle était accompagnée de Muriel Durand-Paqué, la nièce du sénateur, journaliste à *Scoop*. Muriel Durand-Paqué rentrait de Toulon, elle s'était attelée à l'écriture d'un livre-enquête sur l'assassinat de Yann Pita et celui de Jean-Louis Targette. Pour celle qui signait ses articles Muriel Ledoux, ce double assassinat avait eu le même commanditaire : Julien Sorda.

*

Toujours selon la nièce du sénateur Durand-Paqué, la député du Var Yann Pita avait été assassinée en février 1994 parce qu'elle accumulait des dossiers contre ses adversaires politiques et faisait partie de la commission d'enquête parlementaire sur les tentatives de pénétration de la Mafia en France. Son zèle lui avait valu le surnom de « Yann d'Arc». Elle briguait le fauteuil de maire d'Hyères et entendait s'opposer à l'agrandissement de l'aéroport de Toulon-Hyères ainsi qu'à plusieurs projets immobiliers s'appuyant sur la mise en vente de terrains de la Compagnie des salins du midi. Elle n'avait pas manqué d'être alertée par un projet « solaire» de Luc Jouret masquant le rachat de terrains à la périphérie d'Hyères auxquels semblaient s'intéresser des membres de la direction du renseignement militaire.

Autres hypothèses de travail de la nièce du sénateur Durand-Paqué :

1/Jo Di Mambro blanchissait en Suisse une partie de l'argent des machines à sous de Jean-Louis Targette qu'il avait connu au temps du SAC. Di Mambro faisait partie du système Targette.

2/D'anciens militaires français, en 1988, étaient venus donner un coup de main à d'anciens militaires belges recrutés par Luc Jouret pour monter, à la demande de Targette, une filière d'acheminement d'armes vers l'Angola. Les frères Saincépié, obligés de Di Mambro, avaient eu vent dudit montage et s'étaient montrés trop bavards dans un bar de Toulon, d'où leur « suicide » en mai 1994. Suivi d'une grosse colère de Di Mambro puis de l'élimination du même Di Mambro — et par effet domino l'élimination de Jouret — cinq mois plus tard.

CHAPITRE 59

Tout au long de l'année 2003, mon miroir se montra charitable.

Il me permit de mieux comprendre les raisons de mon incarnation à la Belle Époque et les missions que j'avais été amené à remplir durant les Années folles.

Mon statut d'avocat, ma fréquentation des milieux littéraires et journalistiques parisiens, ainsi que ma sensibilité libertaire me permettaient d'approcher des personnalités comme Papus, le Sâr Péladan, Jean Jaurès, Anatole France, Jules Renard, Maurice Leblanc, ce qui ne m'empêchait pas d'être au mieux avec Maurice Barrès... À Montmartre, ma longue silhouette et mon écharpe blanche étaient vite devenues légendaires. Je figurais parmi les piliers du Chat Noir et Fulcanelli, celui que nous appelions, entre nous, « le Forgeron », un vieil ami d'Anatole France et de Viollet-le-Duc, me faisait l'amitié de m'inviter de temps à autre chez lui afin de partager son frugal repas.

Un soir, le Forgeron reçut de la visite. Un vieil homme au visage émacié qui avait un fort accent écossais. Il se contenta d'un verre d'eau. Il est comme Saint-Germain, m'avait averti mon hôte, il ne touche jamais à la nourriture.

Avant de prendre congé, l'Écossais me demanda d'infiltrer l'entourage d'un exilé russe qui vivait à Paris, après avoir vécu en Suisse, un certain Vladimir Illitch Oulianov, dit Lénine. Je m'y employai.

Je fis tourner les tables avec Lénine, son épouse et sa belle-mère.

Soirées éprouvantes.

Les larves grouillaient autour du guéridon.

Des formes noires, à l'issue des séances, me poursuivaient jusque chez moi.

Mis au courant, l'Écossais me recommanda de quitter la France. Je rejoignis les États-Unis, le temps d'écrire un livre. Je rentrai pour m'engager dans l'infanterie. Je fus blessé à Verdun et démobilisé. Entre-temps, le Forgeron avait déménagé. J'ignorais sa nouvelle adresse.

Je revis Fulcanelli longtemps après la guerre. Je déjeunais à la Rotonde, boulevard du Montparnasse, un jour d'automne. Il frappa à la vitre. Je lui fis signe de me rejoindre. Il n'accepta qu'un verre d'eau.

Comme l'Écossais, il ne touchait plus à la nourriture.

Il me demanda d'infiltrer une loge noire « égyptienne » sévissant à l'Orient de Paris, la Loge de la Grande Pyramide fondée par un certain Juvénal Barbarin.

CHAPITRE 60

En juin 2004, catastrophe.

Tsunami.

On est très exactement le mercredi 9 juin. En début d'après-midi, je roule vers Paris en compagnie de Favon.

Le corps de Muriel Durand-Paqué, alias Muriel Ledoux, a été découvert flottant dans la Seine, à l'aurore, par deux joggeurs qui ont appelé les gendarmes...

Le corps de Muriel flottait en face de l'île d'Hernière, à Triel-sur-Seine, dans les Yvelines, du côté de Poissy.

*

Réunion de crise à Suresnes chez Antoine de Boissière en fin d'après-midi. Le sénateur Durand-Pasqué passe en coup de vent, il est effondré, on le serait à moins.

La capitaine Mazin, de la DCPJ, filleule d'Antoine de Boissière, nous rejoint peu après le départ du sénateur.

– La position du parquet ?

– Suicide...

– Ben voyons.

Antoine de Boissière fait la grimace.

– Nous n'aurions jamais dû la laisser sans protection.

– Nous ne pouvions aller contre sa volonté, grogne la capitaine Mazin. Elle refusait la présence d'un garde du corps lors de ses déplacements... Elle disait qu'avec Patrick, c'était largement suffisant.

– Patrick ?

– Le type qui partageait sa vie depuis deux, trois mois. Paraît qu'il s'occupait de sécurité et de protection rapprochée.

– Il vivait chez elle ?

– Plus ou moins... Plutôt plus que moins d'ailleurs.

– Sois plus précise.

La capitaine de police se racle la gorge.

– Il s'était installé chez elle une dizaine de jours avant son départ pour Toulon. Il avait toutefois gardé le studio qu'il louait à Neuilly.

– Il a été entendu comme témoin ?

– Non.

– Qu'est-il devenu ?

– L'oiseau s'est envolé.

CHAPITRE 61

Ce que nous n'avons pu faire avec Muriel, nous décidons de le faire avec sa consœur Patricia Jouvenfroi.

Nous plaçons cette dernière sous protection. Avec son accord, bien sûr. Je fais descendre à Paris Willy Van Dirsen et une équipe de gros bras. Des « Congolais », anciens mercenaires. Je prends leurs soldes à mon compte.

Une seconde équipe est chargée d'assurer la sécurité du sénateur Durand-Paqué, avec l'accord de l'intéressé et la contribution financière d'Antoine de Boissière.

*

Il est 15 heures, ce jeudi 17 juin. Le sénateur Durand-Paqué se rend à Garches. Deux hommes à moto arrivent à hauteur de sa voiture, mais ils n'ont pas le temps de faire feu. Deux autres motards lancés à leurs trousses les devancent, deux anciens bérets verts travaillant pour l'agence Van Dirsen.

Fusillade.

La Yamaha des assaillants fait une embardée, le pilote a pris une balle dans le dos. Une autre dans la nuque. Il décède sur place. Le type qui était sur le siège arrière de la Yamaha a pris une balle au mollet.

Van Dirsen, arrivé en renfort, tire avec son Walther P38 deux balles dans la vitre arrière de la Mercedes du sénateur pendant que ses hommes assomment le blessé et le glissent dans le coffre du 4x4 de Van Dirsen. Le cadavre du pilote, lui, est embarqué avec la Yamaha accidentée à l'arrière d'une camionnette Citroën venue en renfort. Un travail précis, rapide. Qui comprend le ramassage des débris et le balayage de la chaussée.

Trois minutes après l'exfiltration de Van Dirsen et de ses hommes, le chauffeur du sénateur appelle le cabinet du ministre de l'Intérieur et livre sa version des faits.

Le périmètre est très rapidement bouclé.

Deux officiers de la DCPJ, dépêchés sur place, procèdent aux premières constatations.

Van Dirsen et ses mercenaires sont déjà loin.

La Yamaha est brûlée, le soir même, dans un entrepôt de Gugny. Le cadavre du pilote est enterré dans un terrain vague de Garges-lès-Gonesse. Le lendemain matin, le sénateur Durand-Paqué s'entretient téléphoniquement avec le directeur de cabinet du ministre de l'Intérieur qui lui propose une protection policière.

CHAPITRE 62

Le pilote de la Yamaha est soigné à l'entrepôt de Gugny. La balle a seulement traversé son mollet, pas besoin d'intervention chirurgicale. Il faut juste le bourrer d'antibiotiques.

Van Dirsen recourt à une vieille méthode qui a fait ses preuves pour hâter la cicatrisation. Brûlure au chalumeau. Le pilote se nomme Patrick Paoli, né en 1974 à Bonifacio, en Corse du Sud, il n'a pas crapahuté dans la brousse, il n'a jamais subi la moindre séance de torture. Il hurle de douleur. Avant de juger préférable de collaborer avec son bourreau.

Paoli est au service de Julien Sorda.

Au début, il conduisait les enfants du parrain du Var à l'école et portait les paquets de son épouse quand elle courait les magasins. Il surveillait aussi le travail des jardiniers. Avant d'intégrer le secteur des bandits manchots, les machines à sous. Deux fois finaliste du championnat de France de boxe, catégorie mi-lourds, il servait aussi de videur occasionnel dans les boites de nuit de Sorda.

En mars dernier, le parrain du Var l'a chargé d'une mission de confiance. Séduire une jeune journaliste, Muriel Duand-Paqué, qui fouillait dans son passé.

— Et comme t'es beau gosse, tu n'as eu aucun mal à entrer dans son lit, suppute Van Dirsen.

— Voilà.

— C'est toi qui l'as noyée dans la Seine ?

— Oui.

– Sur ordre de Sorda ?

– Oui.

– Et après l'avoir noyée, tu as récupéré ses archives... ?

– Oui.

– Et tu en as fait quoi des archives de Muriel ?

– Je les ai ramenées à Toulon.

– Dommage.

Je me tiens dans un coin de l'entrepôt. Je regarde Van Dirsen sortir son Walher P38, coller tranquillement le canon de l'arme sur le front de la petite frappe.

– Si tu m'avais permis de récupérer les archives de la gamine je t'aurais laissé la vie sauve et abandonné devant un hôpital... Mais là tu ne me laisses pas le choix, je devais devoir te buter et t'enterrer avec l'autre connard.

– Attendez, je vous ai menti, je les ai, moi, ses archives ! Sorda ne les a pas encore récupérées, il m'a dit qu'il le ferait quand il viendrait avec son artificier plastiquer la péniche de Patricia, la collègue de Muriel... Du coup elles n'ont pas bougé de place. Elles sont planquées dans un box. Près du studio que Sorda a loué pour moi à Neuilly. Je peux vous y emmener tout de suite si vous voulez...

*

Après avoir récupéré les archives de Muriel, on abandonne devant la gare de Lyon un Patrick Paoli boitant bas, mais ravi d'être encore en vie.

CHAPITRE 63

Vendredi 1ᵉʳ juillet 2004

3 h 15 du matin.

Le corps criblé de balles de Patrick Paoli est découvert par des fêtards sur un parking de Bandol.

Dans la poche droite du pantalon blanc du défunt a été glissée sa main droite séparée du poignet à la scie à os et dans la poche gauche sa langue arrachée à la tenaille, d'après le médecin légiste qui aura à examiner le cadavre avant de l'autopsier.

Nuit du samedi au dimanche 3 juillet

La péniche *L'intrigante*, que loue Patricia Jouvenfroi à Conflans-Sainte-Honorine, est coulée. Charge plastic, d'après les enquêteurs.

Patricia Jouvenfroi, si l'on en croit la direction de *Scoop* et les responsables de la brigade fluviale, est portée disparue. En réalité, elle a été exfiltrée dans un appartement de Saint-Cloud loué par Antoine de Boissière et placée sous la protection de Willy Van Dirsen.

Loin du déchaînement médiatique déclenché par sa supposée disparition, Patricia Jouvenfroi est occupée à dépouiller au calme les archives de Muriel.

Elle s'apprête à rédiger pour *Scoop* une série d'articles de nature à jouer avec les nerfs d'une partie de la classe politique française.

*

Mardi 27 juillet

On assiste à l'inhumation de Charles Brebier au cimetière du Père-Lachaise. En présence de ses deux filles venues de Los Angeles et de New York.

Vieil ami d'Antoine de Boissière et de Jean-Marie Arpent, Brebier a été terrassé par une crise cardiaque le 15, alors qu'il se promenait sur Hyperion avenue, au sud d'Hollywood.

CHAPITRE 64

Jeudi 2 septembre 2004

Le magazine *Scoop* révèle que sa jeune journaliste Muriel Ledoux ne s'est pas suicidée par noyade, elle a été assassinée par Patrick Paoli, homme de main de Julien Sorda, le parrain du Var qui s'était débarrassé du père de Muriel en faisant saboter sa voiture.

Notre parrain du Var — qui a aussi fait plastiquer la péniche que louait Patricia Jouvenfroi, la collègue de Muriel — appartient à une Loge maçonnique sauvage installée à Toulon, pratiquant le rite écossais, liée aux services spéciaux européens et à Cosa Nostra. Cette Loge sauvage a été fondée par son père, Raoul Sorda, par ailleurs fondateur d'une autre Loge à Zurich, impliquée dans la liquidation de l'Ordre du Temple Solaire et le « suicide » des frères Saincépié.

Muriel Ledoux a été assassinée parce qu'elle s'apprêtait à publier une série d'articles sur les Loges sauvages de Toulon et de Zurich ainsi que sur la famille Sorda et un certain Lucien Choffier, ancien commissaire divisionnaire de la DST, ancien membre de la Grande Loge Hexagonale Rectifiée, détaché pendant huit ans à l'ambassade de France au Gabon. Rentré à Paris sous couvert de créer une société d'import-export franco-congolaise, Choffier a surtout pris la tête d'une cellule clandestine sous-traitant pour le gouvernement français le retour au pouvoir du vieux dictateur congolais Sesso-Sessonga, vieil ami de l'Élysée.

La cellule en question n'a pas lésiné sur les moyens.

Des conteneurs d'armes, en provenance du siège dunkerquois de la Compagnie des Pétroles du Nord dirigée par Raoul Sorda, ont été parachutés dans la région de Oyo, fief de Sesso-Sessonga.

Des mercenaires venus d'Angola, des Tchadiens, des restes de troupes hutus ayant encadré le génocide rwandais, des mercenaires français venus de Toulon et Marseille ont ravagé le sud de Brazzaville et du pays, laissant derrière eux des monceaux de cadavres et des colonnes de femmes et de fillettes violées.

*

Conclusion de Patricia Jouvenfroi :

C'est pour avoir recueilli, début 2002, pour le compte de l'ONG dont il était l'avocat-conseil, des témoignages directs quant aux massacres perpétrés dans le sud du Congo par des mercenaires français recrutés à Marseille et à Toulon via le directeur général d'une petite compagnie d'avions-taxi que le père de Muriel Ledoux était appelé à périr dans un accident de voiture (barre de direction sciée sur ordre de Julien Sorda).

Malgré les dénégations de la « cellule Chauffier », le nettoyage ethnique des quartiers sud de Brazzaville et des villes de Nkayi et Dolisie — massacres et mises en fuite des habitants terrorisés — a fait passer la population globale de ces quartiers et villes de 120 000 à 3 500 personnes, selon les conclusions d'une mission de l'ONU.

CHAPITRE 65

Mercredi 8 septembre, 8 h 30

Le cadavre de Julien Sorda, parrain du Var, est découvert, partiellement calciné, dans une décharge marseillaise, par des éboueurs.

Julien Sorda a reçu six balles de calibre 11.43 dans la bouche.

Jeudi 9 septembre, 22 h 30

Le commissaire divisionnaire honoraire Lucien Choffier — ex-conseiller du dictateur Sesso-Sessonga —, son épouse et leurs deux enfants sont abattus au sortir d'un restaurant du Touquet d'une rafale de Kalachnikov.

Première semaine d'octobre

Les écuries d'Augias sont en plein nettoyage, répètent en boucle, sur les plateaux de télévision, chroniqueurs judiciaires et journalistes d'investigation.

Mais chroniqueurs et journalistes sont dans l'incapacité de deviner la véritable origine du nettoyage en cours. Logique. Ils ignorent que les marionnettistes de la « fin de la gloire du monde », terrés dans leurs caves drapées de noir, penchés sur leurs bougies de cire noire, agissent plus que jamais sur les « âmes-groupes » des communautés humaines pour hâter leur décomposition, avilir l'action politique censée assurer leur cohésion et titiller les instincts les plus bas de nos contemporains afin de les ramener au rang de simples animaux, prêts pour l'abattoir. Conformément à la volonté du grand marionnettiste dénoncé en ces termes par le pape Jean-Paul II au lendemain de l'attentat de la place Saint-Pierre :

« C'est le diable qui a fait cela ».

Le Diable...
Tout un programme.

POURQUOI ADHÉRER A L'ODS

En plus de rassembler toute une « faune de l'espace » passionnée de littératures de l'imaginaire, science-fiction, fantastique, fantasy, etc et tant de chercheurs érudits des univers de l'étrange, l'ODS est une association active qui organise ou coordonne de nombreux événements dans les domaines qui nous intéressent.

C'est un fait que l'activité de publication de fanzines qui était son expression principale à ses débuts a dû être transférée vers notre maison d'édition, EODS, faute de lecteurs assidus dans un secteur qui s'est peu à peu reporté vers le web. Certaines revues ont disparu, d'autres sont nées à cette occasion. Force est de nous adapter au potentiel du lectorat d'aujourd'hui, et nous voilà au XXIe siècle !

Toutefois, tout en nous adaptant, nous tenons, à l'ODS, à préserver cette convivialité qui fut toujours la première motivation de notre existence associative. C'est pourquoi nous poursuivons avant tout l'organisation de rencontres, conférences, congrès, dîners thématiques et autres missions scientifiques autour des thèmes qui nous sont chers. Participer à ces nombreuses activités, les organiser ou permettre à certains invités de venir y présenter leurs travaux, voilà aujourd'hui la vocation de l'ODS. Ainsi, tout au long de l'année, vous êtes conviés à nous rejoindre lors de dîners informels, comme celui du Nouvel Eon en janvier, et toutes sortes de rencontres à thèmes intitulées « on the spot », selon le calendrier de la venue d'auteurs en région parisienne, ainsi qu'à des colloques de haute teneur dont ceux organisés à Rennes-le-Château (ARTBS) ou à Paris comme le Congrès Fortéen, les journées Heuvelmans ou Jacques Bergier, etc, mais aussi à nous rendre visite sur les stands des nombreuses conventions auxquels nous participons.

L'organisation de ces événements et la participation de l'association à ceux organisés par d'autres sont aujourd'hui devenus notre activité principale, car c'est ce qui fait vivre notre univers littéraire et préserve ce caractère unique qui nous plaît. Si certains supports de lecture disparaissent petit à petit au profit de medias plus modernes — du fanzine au webzine, des listes de discussions aux réseaux sociaux, etc. — il reste que nous sommes tous attachés aux livres originaux au format papier, non seulement à l'objet que l'on peut aujourd'hui commander en trois clics, mais surtout à ce qui va autour, c'est-à-dire les rencontres, les discussions, le partage et les possibles collaborations qui s'improvisent au gré des initiatives de nos membres les plus passionnés et, bien entendu, au plaisir de lire !

La participation de chacun à cette fourmillante activité littéraire et autour de la littérature se coordonne le plus simplement possible par le moyen de notre association, et c'est la raison d'être de l'ODS. En y adhérant, et surtout en participant par votre présence et votre concours à ces rencontres, ainsi qu'à la naissance et la réalisation de nouveaux projets, vous nous aidez à prolonger la vie de notre multivers littéraire. Bienvenue à tous et merci pour votre présence !

Emmanuel Thibault, membre du Conseil de AODS

LES ÉDITIONS DE L'ŒIL DU SPHINX

SARL au capital de 15.245 €
R.C.S. Paris B 432 025 864 (2000 B11249)
36-42 rue de la Villette
75019 PARIS
Mail ods@oeildusphinx.com
http://www.œildusphinx.com
Tél 09.75.32.33.55
Fax 01.42.01.05.38

Toutes nos parutions sont sur :
http://boutique.oeildusphinx.com

Achevé d'imprimer en Janvier 2021
par Createspace
(KDP)